Norbert Blaichinger

Vergessen. Vermisst. Verschlampt.

Mysteriöse Kriminalfälle, Band 2

edition
innsalz

Norbert Blaichinger
„Vergessen. Vermisst. Verschlampt."
Mysteriöse Kriminalfälle, Band 2

Herausgegeben von:
Wolfgang Maxlmoser

A–5282 Ranshofen, Ranshofnerstraße 24a
Mobiltelefon: 0043 664 3382412; Fax: 0043 7722 64666-4
Homepage: www.edition-innsalz.at
E-Mail: office@edition-innsalz.at, info@edition-innsalz.at

ISBN: 978-3-902616-71-4

1. Auflage 2013
Druck im EU-Raum

Inhalt

Zu diesem Buch.

Hiermit lege ich also den zweiten Band der „Mysteriösen Kriminalfälle" vor. Wieder stelle ich Fragen, decke Ungereimtheiten auf, auch Schlampereien, und ich will Sprachrohr für jene sein, die selbst nicht mehr sprechen können. Ich habe noch nie so intensiv recherchiert wie für dieses Buch, und das nach bestem Wissen und Gewissen. Die Geschichten sind spannend, zum Teil sogar unglaublich. Aber sie sind wahr. Sie können davon ausgehen, dass ich mich bei manchen Kapiteln weit hinausgelehnt habe. Alles unter Beachtung von Fairness und Respekt. Das ist bei Büchern wie diesem unbedingt notwendig.
Einige meiner Geschichten kann man zwar als mysteriös, nicht aber als Kriminalfälle im klassischen Sinn bezeichnen. Etwa dann, wenn Verfahren eingestellt wurden, für mich aber dennoch Fragen offen bleiben. Ich habe versucht, möglichst in die Tiefe zu recherchieren. Der Leser ist eingeladen, meine Recherchen zu bewerten, ebenso Interviews, Hypothesen und Schlussfolgerungen. Alles zusammen wird dem Leserinteresse förderlich sein. Neun Fälle aus den Bundesländern Oberösterreich und Salzburg greife ich auf, beschreibe und bewerte sie aus meiner Sicht, enthalte mich aber einer endgültigen Beurteilung.
Daran anschließend wird der Inhalt durch ein Interview mit dem Präsidenten des Jugendgerichtshofes a.D. Prof. Dr. Udo Jesionek abgerundet. Der Grund für dieses Interview liegt in der Frage der Sinnhaftigkeit der Geschworenengerichte, die ich als Laie einmal hinterfragen wollte.

Da es sich bei diesem Buch um den zweiten Band einer Reihe handelt, informiere ich im Anfangskapitel „Was bisher geschah" darüber, was sich nach Erscheinen des ersten Bandes der „Mysteriösen Kriminalfälle" alles getan hat.
Noch eine Anmerkung: Die Namen handelnder Personen sind großteils ausgeschrieben. Abkürzungen bei Namen waren entweder medienrechtlich notwendig oder dienen zum Schutz unmittelbar oder mittelbar Betroffener.

Neun mysteriöse Fälle.

Fall 1 führt uns nach Zell am Moos am Irrsee. Hier gab es 1983 einen Bankraub mit Geiselnahme. Dieser Fall konnte nie geklärt werden und ist mittlerweile verjährt. Vergleichbare Taten gab es lange Zeit in Österreich nicht. Mit dem Gendarmeriebeamten, der seinerzeit als erster am Tatort war, habe ich gesprochen. Weiters sprach ich mit dem stellvertretenden Landespolizeidirektor Alois Lissl darüber, was man unter einem „atypischen Bankraub" versteht.

Der zweite Fall betrifft einen Mord im Salzburger Prostituiertenmilieu. Eine Frau steigt in ein Auto und wird später in einem Wald bei Elixhausen tot aufgefunden. Sie wurde erwürgt oder ist möglicherweise bei sadomasochistischen Sexspielchen den Schocktod gestorben. Trotz intensiver Bemühungen der Kriminalisten ist es nicht gelungen, ihren letzten Kunden und den Mörder auszuforschen. Eine erstaunliche Parallele zu einem anderen Fall ist mir dennoch aufgefallen. Zwei Phantombilder, die einander ähnlich scheinen.

Mit Fall 3 bleibe ich im Salzburger Prostituiertenmilieu. Heidemarie Mayrhofer wird tot in ihrer „Dienstwohnung" in der Salzburger Linzergasse aufgefunden. Ihr Zuhälter Manfred B. wird als Täter zu 20 Jahren Haft verurteilt. Pikant: Er hat zwar die Strafe abgesessen, aber den Mord immer bestritten. Jetzt gibt es Hinweise, dass auch andere Personen als Täter in Frage kommen könnten. Das Landesgericht Salzburg und das Oberlandesgericht Linz haben allerdings einen Antrag auf Wiederaufnahme des seinerzeitigen Verfahrens abgelehnt. Mit Manfred B. habe ich ein langes und berührendes Interview geführt. Lesen Sie es und machen Sie sich selbst ein Bild!

Sehr mysteriös erscheint auch der Tod eines HTL-Schülers am Wirersteig bei St. Wolfgang (Fall 4). Der 17-jährige war vom abendlichen Joggen nicht mehr heimgekehrt. Während die

Staatsanwaltschaft Wels nicht von Fremdverschulden ausgeht, glaubt die Familie an ein Verbrechen. Eine Exhumierung mit anschließender Obduktion könnte Klarheit schaffen. Aber die Behörde lehnt ab.

Österreich ist keine Insel der Seligen mehr. Auch nicht im Bereich der Kriminalität. War der Auftragsmord früher noch eine Spezialität von Mafiosi in den USA oder Italien, so hat er mittlerweile auch Österreich erreicht. Zwei Morde aus dem Bundesland Salzburg, zusammengefasst in Fall 5, zeigen das. Bei der Ermordung der Ljubica K. vor dem ELMO-Cafe in Salzburg glaubt die Polizei zwar eher an Raubmord, die Hinrichtung des Autohändlers Tomislav J. nahe Hof bei Salzburg hingegen trägt deutliche Spuren eines Auftragmords.

Fall 6: Zurück an den Irrsee. Hier steht unweit des Seeufers das Bauernhaus Wesenauer (Hausstätter). Von hier, seinem Elternhaus, zog Alois Wesenauer einst aus, um die Welt kennen zu lernen. Dem gelernten Koch dürften damals viele Türen offen gestanden sein. Zuletzt lebte er auf der zu den Virgin Islands gehörenden Insel St. Thomas, ehe er spurlos verschwand. Sein ungeklärtes Schicksal geht mir nahe, vor allem aber stört mich das ignorante Verhalten jener Leute, die einen Teil zur Aufklärung beitragen könnten. Die österreichische Botschaft in Washington mit eingeschlossen.

In Fall 7 mit dem Titel „Kalter Tod im Attersee“ greife ich zwei Tauchunfälle auf. Einer davon passierte 2013 und ist damit relativ neu, der zweite greift weiter zurück. Angelika Hertlein starb, als sie bei der „Schwarzen Brücke“ nahe der Ortschaft Steinbach – völlig gegen ihre Gewohnheit – allein tauchte. In diesem Fall habe ich den Eindruck, dass die Staatsanwaltschaft Wels zu rasch den Aktendeckel zugeklappt hat. Man hätte sich wohl das persönliche Umfeld der Toten genauer anschauen müssen. Das ist allerdings nicht passiert.

Über den Fall der in Linz ermordeten Prostituierten Elfriede Hochgatter zu schreiben, war mir schon lange ein Anliegen (Fall 8). Eine logische Herausforderung, habe ich doch in Band 1 der „Mysteriösen Kriminalfälle“ schon über die Ermordung der Gabriele B., ebenfalls Prostituierte in Linz, geschrieben. In beiden Fällen kommt ein Name vor: Tibor Foco. Dieser Mann war in den 1980er Jahren als Neuling in die Rotlichtszene eingestiegen und galt als einer, der Frauen gegenüber ziemlich brutal sein konnte. In Band 1 führte ich ein Interview mit dem Linzer Rotlichtkönig Peter Stolz, der zu mir sagte, man habe damals in der Szene geredet, dass Foco einen fürchterlichen Umgang mit Frauen habe. Die Akten im Fall H. sind mir nicht zugänglich, sie liegen beim Bundeskriminalamt in Wien. Darum geht es auch gar nicht. Mir geht es um das große Thema, nicht um Details. War er der Mörder oder nicht? So haben mich viele Leute gefragt. Unverantwortlich, würde ich mich dazu definitiv äußern. Ich weiß es nämlich nicht. Dennoch nehme ich auch zu dieser Frage Stellung. Mit meinem Wissen, meinen Schlussfolgerungen. Ich habe mit vielen Leuten gesprochen, mit manchen off the records. Die unterschiedlichen Sichtweisen der Staatsanwaltschaft und des bekannten Strafrechtsprofessors Herbert Wegscheider habe ich eingeholt. Und mit dem stellvertretenden Landespolizeidirektor von Oberösterreich, Alois Lissl, habe ich mich über die Frage unterhalten, wo Tibor Foco heute sein könnte.

Manche Leute heben sich beim Essen das Beste bis zum Schluss auf, um mit einem kulinarischen Höhepunkt abzuschließen. Auf mich trifft das nicht zu, aber ich habe dieses Buch so gestaltet, dass es mit Fall 9 noch einen besonderen Vermisstenfall gibt. Es geht um das Verschwinden des Juweliers Friedrich Heisler aus Zell am See in Südafrika. Die Geschichte ist – nicht übertrieben – einfach unglaublich.

Ich habe in den vergangenen Jahren bei meiner kriminalistisch-soziologisch orientierten Arbeit viele Höhen und Tiefen erlebt: Bestechende Ehrlichkeit, Aufrichtigkeit, Freundschaft, aber auch Hinterhältigkeit, Lügner, Betrüger, Gescheiterte und (fast) alle Arten von Kriminellen. Aber das Ausmaß an krimineller Energie, das in diesem Vermisstenfall sichtbar wird, war für mich bislang unvorstellbar.

Zell am Moos, im November 2013 Norbert Blaichinger

Mysteriöse Kriminalfälle, Band I.

Ein Rückblick.

Am Anfang stand das mediale Interesse.

Bereits vor der Erstpräsentation von Band I in der Ödmühle in Tiefgraben im November 2011 hatte ein Fall das Interesse verschiedener regionaler Medien, darunter auch jenes des Salzburger Privatsenders Jedermann TV, geweckt. Gemeinsam mit dem seinerzeitigen Chefermittler im Mordfall Martina Posch, Generalmajor Manfred Schmidbauer, stellte ich mich einige Male Fragen von Journalisten. Die mediale Resonanz war entsprechend, sodass Schmidbauer und ich guter Hoffnung waren, weitere Hinweise zu bekommen, welche den ermittelnden Beamten vielleicht weiterhelfen würden. Darüber hinaus hatte ich auch noch Gelegenheit, in einer Nachmittagssendung von ORF Radio Oberösterreich über das Buch und meine Recherchen zu sprechen.

Warum gab es ein so großes Interesse am Mordfall Martina Posch?

Das hängt mit mehreren Umständen zusammen. Der Mord an dem damals 17jährigen Lehrmädchen gilt als der mysteriöseste Mordfall Österreichs. Kein Tatort, keine Zeugen, keine Spuren, kein Motiv, keine sonstigen Erklärungen. Zur Erinnerung: Martina Posch verschwand am frühen Morgen des 11. November 1986 in Vöcklabruck. Danach gibt es keine Spur mehr von ihr, bis Taucher zehn Tage später ihre in eine grüne Plastikplane eingewickelte Leiche im Mondsee finden.

Ein Anrufer behauptet, den Namen von Martinas Mörder zu kennen.

Was der pensionierte Kriminalist Schmidbauer und ich vermutet und erhofft hatten, tritt tatsächlich ein. Eine Reihe von Hinweisen erreicht mich. Auf der Straße sprechen mich Menschen an, auch in Geschäften. Nach einer Autorenlesung in Vöcklabruck erhalte ich auch eine Reihe von Hinweisen. Leider sind die meisten zu wenig konkret. Mal geht es um die grüne Plane, ein anderes Mal erzählen mir Frauen von Männern, die ihnen im Nachhinein unheimlich erschienen. Anonyme Briefe erhalte ich auch. Nicht viele, aber immerhin. Ein besonders geschmackloser mit der Adresse „Martina Posch, Friedhofstraße, Vöcklabruck" ist auch dabei. Der landet bei der Polizei. Eines Tages erhalte ich einen Anruf. Ein Mann sagt, er kenne den Mörder von Martina. Auf mein Drängen hin nennt er auch den Namen, den ich an die Polizei weitergebe. Wie hartnäckig die Kriminalisten dieser Spur, die ich auf Grund anderer durchaus bemerkenswerter Details nach wie vor für interessant halte, verfolgt haben, kann ich nicht sagen. Dass den Menschen der Mordfall Martina Posch auch nach 25 Jahren noch unter die Haut geht, ist anhand der zahlreichen Reaktionen spürbar. Leider fehlt bis heute ein entscheidender Hinweis auf den Täter.

Elfriede Schönberger bleibt verschwunden.

Leider keinen einzigen Hinweis gab es im Vermisstenfall Elfriede Schönberger aus Fischlham. Die junge Frau war in einer Sommernacht des Jahres 1980, die sie im Welser Tanztempel „Tenne" in der Fischergasse verbrachte, zusammen mit ihrem Auto verschwunden. Trotz der fehlenden Hinweise in diesem Vermisstenfall bin ich mit der Schwester von Elfriede bis heute in Kontakt.

„Ich kann nicht abschließen, ehe der Mörder von Monika gefasst ist."

Diesen prägenden Satz hat der Vater der 1992 in Linz ermordeten Kellnerin Monika Simmer, Franz, zu mir gesagt, als ich ihn 2011 interviewte. Es war in Bad Goisern, wir saßen in seiner Küche, tranken Kaffee, und es war eine ganz eigenartige Stimmung. Schwere, dunkle Wolken am Himmel, Dazwischen blinzelte die Sonne durch das dichte Grau. Ich kann mich auch noch erinnern, dass ich zu ihm gesagt habe, er werde es noch erleben, dass der Mörder gefasst wird. Damals schon wusste ich, dass es nur eine Frage der Zeit sein konnte, bis dem Mörder die seinerzeit sichergestellte täterbezogene DNA-Spur zum Verhängnis werden würde. Jetzt sitzt der Kroate Davor B. hinter Schloss und Riegel. 19 Jahre hat ihm der brutale Mord an der Kellnerin Monika eingebracht. Die Gerichtspsychiaterin hatte dem Mörder übrigens „Probleme mit Frauen" attestiert. Trotz dieser klaren Worte hatte der Kroate Berufung gegen das Urteil eingelegt. Aus völlig nichtigem Anlass sei ein Mensch furchtbar zugerichtet worden, so der Berufungssenat. Das Urteil des Erstgerichts sei deshalb angemessen.
Immer wieder haben verschiedene Medien den Mordfall Monika Simmer am Köcheln gehalten. Einen guten Beitrag konnte ich auch mit Band 1 leisten. Ich fühle mich bestätigt, dass es vernünftig und der richtige Zeitpunkt war, gerade diesen lange ungelösten Mordfall in Band 1 zu thematisieren.

Petra Rothmayer und der Kampf einer Mutter um Gerechtigkeit.

Wenn eine Mutter ihre Tochter verliert, dann ist das ganz schlimm. Wenn es sich noch dazu um ein Gewaltverbrechen handeln könnte, potenziert sich der Schmerz. Isabell Rothmayer kämpfte wie eine Löwin für eine endgültige Klärung der Umstände des Todes ihrer Tochter Petra. So lange, bis sie selbst nahe daran war, gesundheitlich zu zerbrechen. Frau Rothmayer lebt in der Überzeugung, dass ihre Tochter getötet wurde. Ich glaube, dass es für diese Annahme gute Gründe gibt und die Ermittlungen von Polizei und Justiz nicht gerade glücklich waren. Neue Hinweise und Erkenntnisse konnte ich den Angehörigen von Petra nach Erscheinen des Buches leider nicht übermitteln.

Gabi und ihr Tod am Strich.

Ja, es gab auch einen mysteriösen Mordfall, bei dem ich von Vornherein nicht mit Hinweisen gerechnet hatte, den Mord an der Prostituierten Gabriele Blaha. Bei Vorkommnissen in dieser Branche ist es sehr schwierig, an brauchbare Informationen zu kommen. Gabi war sicher ein Mensch, der im Leben nur wenige Chancen hatte und keine davon genutzt hat. Umso wichtiger schien es mir, gerade ihren gewaltsamen Tod in meinem Buch zu dokumentieren. Vor allem aber habe ich im Fall Gabriele Blaha versucht, einen kleinen Einblick in die seinerzeitigen Mechanismen des Linzer Rotlichtmilieus zu geben und dabei auch mit dem Erotikunternehmer Peter Stolz gesprochen.

Es wundert übrigens auch aus einem anderen Grund nicht, dass es keine Hinweise zum Mordfall Blaha gab. Es ist ein offenes Geheimnis, dass die Polizei in diesem und in einem anderen Zusammenhang nach einem Verdächtigen sucht, der seit 1995 auf der Flucht ist.

Was können Bücher bewirken?

Man mag sich vielleicht denken, dass der erste Band der „Mysteriösen Kriminalfälle“ außer einigen Hinweisen im Mordfall Martina Posch und dem publizistischen Aufgreifens des Mordes an Monika Simmer nicht viel bewirkt hat. Ich antworte darauf mit einer Gegenfrage: Was können Bücher wie dieses tatsächlich bewirken?

Meine Sachbücher sind Auseinandersetzungen mit mysteriösen Kriminalfällen. Sie nähern sich einem Sachverhalt zwar von einer anderen Seite als die Kriminalisten, aber sie beinhalten Schlussfolgerungen und laden auch den Leser zum kritischen Diskurs ein. Sie verleihen Angehörigen eine Stimme, stellen Fragen, die andere vielleicht noch nicht gestellt haben. Und sie erinnern. An Ermordete, über die man vielleicht lieber nicht sprechen will, an Vermisste, die im Nebel unserer Oberflächlichkeit zu verschwinden drohen. Und schließlich: Sie sind ein Mahnmal gegen das Vergessen.

Ein „atypischer“ Bankraub in Zell am Moos.

Am 28. Jänner 1983 erlebt die kleine Gemeinde Zell am Moos am Irrsee, die schon einmal Schauplatz eines Bankraubes war, einen weiteren Bankraub. Einen der besonderen Art. Kriminalisten sprechen von einem „atypischen Bankraub“. Geklärt werden konnte er bis heute nicht. Mittlerweile ist die Tat auch verjährt.

Reizvolles Dorf Zell am Moos. Foto: Blaichinger

Herr Gaisrucker stört die Idylle.

Zell am Moos ist ein besonders reizvolles Dorf. Eine Idylle, die kaum einmal wesentlich gestört wird durch unvorhersehbare Ereignisse. Aber wenn einmal etwas passiert, dann wird an den Stammtischen ausführlich darüber diskutiert, ehe das Leben wieder seinen normalen Lauf nimmt.

Für größere Aufregung im Dorf sorgen aber der 7. Oktober 1975 und die folgenden Wochen. Ein ca. 20-jähriger, nicht maskierter und mit einer Faustfeuerwaffe bewaffneter Mann überfällt die Raiffeisenkasse Zell am Moos, bedroht eine Angestellte und fordert Geld. Mit rund 180.000 Schilling (in verschiedenen Währungen) kann er entkommen. Aufgrund einer genauen Personenbeschreibung geht die Polizei recht schnell von Manfred Gaisrucker als Täter aus. Der hatte schon im Frühjahr 1975 im Raum Mondsee einige Straftaten verübt und sich offensichtlich nach dem Zell am Mooser Banküberfall in den Wäldern der Umgebung versteckt. In der Gemeinde Oberwang, wo er in einem Ferienhaus nächtigt und in einem nahe gelegenen Gasthaus mehrmals zu Mittag isst, macht er sich schließlich verdächtig und wird am 23. November aus einem Taxi heraus an der Straßenkreuzung in Loibichl festgenommen (vgl. Schmidbauer, M.: Mörder, Räuber und Gendarm, Ranshofen 2008, S.35 ff). Ein Erfolg für die örtlichen Gendarmen aus Mondsee und Unterach, vor allem aber auch für die Beamten rund um den damaligen Kripo-Chef Manfred Schmidbauer.

Manfred Gaisrucker, der zu seiner Tarnung gern den netten jungen Mann von nebenan gab, erweist sich in den folgenden Verhören als klassischer „Steher". Menschliche Regungen zeigt er erst, als er erfährt, dass sich seine einzige Bezugsperson, seine Großmutter, nach Bekanntwerden der Taten ihres Enkels vor einen Zug geworfen hat. Er eröffnet den Kriminalisten, welche ihn in der Untersuchungshaft in Wels vernehmen, möglicherweise am Nachmittag des gleichen Tages ein Geständnis abzulegen. Als diese allerdings wieder kommen, hatte sich Gaisrucker bereits in seiner Zelle erhängt. Ein trauriges Ende für einen jungen Mann, der sich selbst Lebenschancen verbaut hatte und letztlich keinen Ausweg mehr für sich sah.

Wenige Jahre später.

Der 28. Jänner 1983 scheint ein ganz normaler Arbeitstag für den Bezirksinspektor des Gendarmeriepostens Mondsee, Franz Pillinger, zu sein. Es ist trüb, keine Sonne, dafür gibt es eine unfreundliche Mischung aus Schnee und Regen. Gegen halb fünf Uhr nachmittag – Pillinger ist mit einem jungen Kollegen gerade in Oberhofen unterwegs – wird die Streife zu einem Verkehrsunfall nahe dem Badeplatz St. Lorenz gerufen. Die beiden Beamten eilen zum Unfallort, protokollieren den Hergang. Eine Routinearbeit. Wohl der letzte Einsatz für heute, denkt sich der drahtige Gendarm Pillinger, der eigentlich aus Suben stammt und im Mondseeland seine Liebe und Heimat gefunden hat.

Dann ein Funkspruch. „Überfall auf die Raika Zell am Moos", heißt es da kurz und knapp. Pillinger treibt den Dienst-VW an die Grenze seiner Leistungsfähigkeit. Doch die Raiffeisenkasse Zell am Moos ist bereits geschlossen. Es ist knapp nach halb sechs Uhr. Was tun? Ein zweiter Funkspruch. Kein Überfall, sondern eine Geiselnahme im Haus des Raika-Geschäftsführers Alois B., der am Ortsrand von Zell am Moos wohnt. Die beiden Beamten rasen zu dem Haus, Pillinger verlässt das Dienstfahrzeug knapp vor dem Haus. Er will sich über die Wiese mit gezückter Pistole anschleichen.
Aber der Täter ist schon weg. Die Gendarmerie ist um Minuten zu spät gekommen.

Interview:

„Wir haben erwartet, dass der Täter noch im Haus ist."

Autorisiertes Interview mit Gruppeninspektor i. R. Franz Pillinger (75) über seine Erinnerungen an den 28. Jänner 1983. Das Interview mit dem pensionierten Gendarm führte der Autor am 21.5.2013 in Zell am Moos.

Gendarm Franz Pillinger: „Wir wussten nicht, was uns erwartet."

Foto: Blaichinger

AUTOR: Herr Gruppeninspektor, Sie hatten damals am 28. Jänner 1983 nicht wirklich viel Ahnung, was Sie im Haus von Herrn B. erwarten würde. Wie haben Sie Ihre Taktik angelegt?

PILLINGER: *Wir sind zum Einsatzort gerast, vorerst zum Bankgebäude, dann erst zum Privathaus des Geschäftsführers. Ich bin noch an der Bundesstraße ausgestiegen, um über die Wiese zum Haus zu schleichen. Der Kollege hat das Auto bei einem Nachbarhaus abgestellt. Eigentlich haben wir ja annehmen müssen, dass der oder die Täter noch im Haus sind.*

AUTOR: Jedenfalls kein schöner Abschluss eines Arbeitstages ...

PILLINGER: *Nein. Aber als Exekutivbeamter muss man auf solche Ausnahmesituationen gefasst sein.*

AUTOR: Sie waren ja auch maßgeblich an der Verfolgung des ersten Zell am Mooser Bankräubers Manfred G. beteiligt. Der wurde gefasst, der Geiselnehmer hingegen nicht. Schmerzt das einen leidenschaftlichen Gendarmen?

PILLINGER: *Natürlich ist das ein unbefriedigender Zustand. Gerade wenn ich mir anschaue, welcher Aufwand bei so einer Fahndung notwendig ist und auch hervorragend betrieben wurde. Wochenlang. Befragungen von Haus zu Haus, Dutzende Überprüfungen auf Campingplätzen. Manchen tut man mit der Überprüfung Unrecht, das muss man auch sagen.*

AUTOR: Insgesamt ist das Ergebnis der Ermittlungen jedenfalls sehr mager ausgefallen, wenn man es nüchtern analysiert.

PILLINGER: E*s ist richtig, dass wir bzw. die Kriminalabteilung keinen wirklichen Anhaltspunkt gefunden haben. Der Täter war nicht groß und eher schmächtig. Das war es im Wesentlichen. Ich gehe jedenfalls davon aus, dass der Täter ein Fremder war und nicht aus der nächsten Umgebung stammt.*

Das Geschehen in aller Kürze.

Nach den persönlichen Aufzeichnungen von Generalmajor Manfred Schmidbauer beginnt die dreiste Aktion am 28. Jänner 1983 um 17.25 Uhr. Ein maskierter Mann läutet beim Privathaus des Geschäftsleiters, der sich zu dieser Zeit noch in der Bank befindet. Er verlangt von den Anwesenden, dem Geschäftsleiter telefonisch mitzuteilen, sofort mit 500.000 Schilling nach Hause zu kommen. Dabei spricht er kein Wort, benutzt nur einen Zettel, auf dem er die Forderungen notiert hat. Der sichtlich schockierte Geschäftsführer kommt tatsächlich Minuten später. Zuerst ohne Geld, dann fährt er wieder zur Bank und kommt mit 157.541 Schilling aus dem Tresor der örtlichen Bank erneut zurück.
Dem Täter gelingt mit dem Geld zu Fuß die Flucht. Nicht ohne die Familie vorher im Wohnzimmer eingesperrt und das Telefonkabel aus der Steckdose gerissen zu haben. Er läuft in Richtung des kleinen Wäldchens „Schwandhölzl“, möglicherweise aber auch über die Wiese in Richtung Irrsee. Klein und schmächtig sei er gewesen, sagen Zeugen. Und er habe die seinerzeit modernen Moonboots getragen. Trotz intensiver Bemühungen der Kriminalisten, die mit Unterstützung der Gendarmerie Mondsee praktisch alle damaligen Möglichkeiten ausschöpfen, vor Ort ermitteln, jede Menge Befragungen durchführen, gelingt es nicht, eine wirklich zielführende Spur zu finden. Einen Täter aus der Umgebung schließt man heute eher aus, denn das angrenzende Wäldchen bot die Möglichkeit, ein Auto abzustellen und damit relativ unbemerkt zu verschwinden. Eine Möglichkeit, die heute durch die modernen Möglichkeiten der Ringfahndung praktisch auszuschließen wäre. Andererseits: Hätte sich der Täter bis zum Einbrechen der Dunkelheit im Wald versteckt und gewartet, wäre das auch für einen Mann aus der näheren Umgebung möglich gewesen.

Ein verjährtes Verbrechen, weshalb ich verzichte, auf weitere mir bekannte Details näher einzugehen. Dennoch hat die Tat etwas Einzigartiges an sich, was Hofrat Dr. Alois Lissl von der Landespolizeidirektion im folgenden Interview mit dem Autor erklärt. Das Gespräch fand am 7. Juni 2013 im Landespolizeikommando Linz statt und ist natürlich autorisiert.

Interview:
„Etwas Besonderes in der österreichischen Kriminalgeschichte."

„Eine Besonderheit in der österreichischen Kriminalgeschichte."
Foto: Blaichinger

AUTOR: Herr Hofrat Lissl, Kriminalisten sprechen bei der mittlerweile verjährten Tat von Zell am Moos von einem atypischen Bankraub. Was meint man damit?

LISSL: *Solche Taten finden außerhalb der Öffnungszeiten von Geldinstituten statt. Man muss dabei zwei Formen unterscheiden. Entweder der oder die Täter verschaffen sich durch Einbruch in Nebenräume der Bank Zutritt und bedrohen dann Kassenangestellte. Oder Angehörige werden bedroht, wie das in Zell am Moos der Fall war. Mit so genannten „Schlüsselträgern" (deutscher Fachjargon, meint jene Personen, die über die Tresorschlüssel verfügen, Anm. des Autors) versucht man dann an den Tresor zu kommen.*

AUTOR: In Österreich war diese Vorgangsweise bisher offensichtlich kaum üblich.

LISSL: *Ganz im Gegenteil etwa zu Deutschland. Dort gab es weniger herkömmliche Überfälle, aber mehr Attacken auf Familienangehörige von Bankern. Das hängt damit zusammen, dass in deutschen Banken schon lange keine großen Geldbeträge mehr „auf die Schnelle" zu rauben sind.*

AUTOR: Haben Polizei und Banken trotzdem Vorkehrungen gegen derartige „atypische Bankräuber" getroffen?

LISSL: *Natürlich. An erster Stelle steht die Sensibilisierung für diese Art der Gefahr. Dann ist es notwendig, die „Außenhaut-Sicherheit" der Banken zu erhöhen, etwa durch verbesserte mechanische Sicherungen und einen Hightech-Einbruchsalarm. Und die Polizei führt laufend Sicherheitsanalysen entlang der Autobahnen durch, weil diese meistens für die Flucht gewählt werden. Wir wissen aber auch, dass es noch Sicherheitslücken gibt. Etwa dann, wenn die Alarmanlage einer Bank durch das Reinigungspersonal deaktiviert werden muss. Insgesamt muss man aber sagen, dass in den vergangenen Jahren viel Geld in Sicherheitsmaßnahmen investiert wurde. Die Technik der Überwachungskameras ist heute sehr ausgefeilt, und eine Reihe von Banken hat sogar eine direkte Live-Schaltung in ihre jeweilige Zentrale.*
Wichtig ist aber auch, dass die richtige Botschaft ausgesendet wird. Und diese muss lauten: Bankraub zahlt sich nicht aus, weil es – egal wie – nicht möglich ist, mit Gewalt an eine größere Summe von Geld zu kommen.

AUTOR: Kommen wir noch einmal zu dem seinerzeitigen atypischen Banküberfall in Zell am Moos. Der Täter war ja offensichtlich seiner Zeit weit voraus ...

LISSL: *Eigentlich ist dieser Überfall etwas ganz Besonderes in der österreichischen Kriminalgeschichte. Da es in Österreich damals* *überhaupt keinen vergleichbaren Fall gegeben hat, muss man sich auch fragen, wie der Täter auf diesen Plan gekommen ist. Meiner Meinung nach hat er entweder längere Zeit in Deutschland gearbeitet und von so einem Überfall gehört. Oder er hat das aus dem Fernsehen, eventuell aus einer Krimiserie abgeschaut. Jedenfalls gehe ich davon aus, dass der Mann sehr intelligent war und vielleicht auch einen direkten Bezug zur Region hatte.*

AUTOR: Welchen Schluss lassen die beiden Umstände zu, dass der Täter offensichtlich nach Zell am Moos nicht mehr auffällig wurde, und die Tat heute verjährt ist?

LISSL: *Möglicherweise war es eine einmalige Straftat. Der Täter dürfte sich aus einer finanziellen Notlage heraus zu diesem Überfall entschlossen haben. Dann hat er eventuell seine Schulden beglichen und lebt heute ganz unauffällig. Knapp 160.000 Schilling waren damals eine Menge Geld.*
Zur Verjährung: Wenn er nichts mehr angestellt hat, was die Verjährung beeinträchtigen könnte, würde ihm auch bei einem Geständnis nichts passieren.

AUTOR: Welche Bedeutung messen Sie dem Umstand zu, dass es in Österreich bis heute keine vergleichbaren atypischen Banküberfälle gibt?

LISSL: *Was Sie sagen, stimmte tatsächlich für einen sehr langen Zeitraum. 2012 ereigneten sich aber zwei atypische Banküberfälle in Oberösterreich. Diese sind aber hinsichtlich ihrer Brutalität mit der Tat von Zell am Moos im Jahr 1983 nicht mehr zu vergleichen. Tatsache ist, dass es für diese beiden aktuellen Fälle österreichweit wieder keine vergleichbaren Überfälle gibt. Wir gehen davon aus, dass es sich um Täter handelt, die nur zum Zwecke des Überfalls nach Österreich einreisen und danach über die Autobahn sofort wieder ins Ausland verschwinden.*

Die „Nachfolger“ des Bankräubers von Zell am Moos.

Tatsächlich gibt es in Österreich bis zum Jahr 2012 keinen atypischen Banküberfall. Dann aber schlagen bislang unbekannte Verbrecher binnen sechs Wochen zweimal zu. Am 23. Oktober 2012 um ca. 6.50 Uhr gelangen sie durch Aushebeln eines rückwärtigen Fensters in die Sparkasse Asten und warten im nicht gesicherten Raum, bis die ersten Angestellten kurz nach 7 Uhr eintreffen. Der Raumschutz war durch eine Reinigungskraft deaktiviert worden. Die Täter nehmen neun Geiseln (!), fesseln sie mit Kabelbindern und lassen von einem „Schlüsselträger“ den Tresor öffnen. Mit Barmitteln aus dem Panzerschrank, die sie in einem Rucksack verstauen, fliehen sie durch ein Fenster aus der Bank. Die beiden Täter sind voll maskiert und tragen Motorradhauben mit Sehschlitzen. Bewaffnet sind sie mit einer schwarzen Pistole und einer Maschinenpistole. Das Fluchtfahrzeug hatten sie Tage zuvor in Steyr gestohlen und daran in St. Valentin gestohlene Kennzeichen montiert.

Der zweite Überfall läuft nach einem ähnlichen Schema ab. Am 3. Dezember 2012 um ca. 6 Uhr früh gelangen zwei Täter (ein dritter Mann wartet im Fluchtfahrzeug) durch einen Luftschacht in die im Keller gelegene Küche der Oberbank Laakirchen. Sie warten auf das Bankpersonal, welches den Einbruchsschutz deaktiviert. Wieder fesseln sie die drei Geiseln mit Kabelbindern und lassen durch einen „Schlüsselträger“ den Tresor öffnen. Wie in Asten sind sie mit Motorradhauben mit Sehschlitzen maskiert. Diesmal tragen sie eine silberne Pistole mit Schalldämpfer und wieder eine Maschinenpistole. Mit einer Sporttasche, in die sie das Geld packen, fliehen sie durch ein Fenster der Filiale. Ihren Fluchtwagen haben sie diesmal in Pupping gestohlen, das montierte Kennzeichen wurde in Kaplice entwendet.

Kriminelle Zweiklassen-Gesellschaft.

Es ist wichtig, auf dieses in Österreich Gott sei Dank seltene Phänomen des atypischen Bankraubes aufmerksam zu machen. Das sieht auch die Polizei so. Sonst hätte ich einige Details nicht geschrieben.

Interessant ist es jedenfalls auch zu sehen, wie sich die Kriminalität weiterentwickelt. Ein Täter wie seinerzeit in Zell am Moos wäre heute nicht mehr denkbar. Aber die kriminelle Strategie bleibt, nur die Methoden ändern sich. Da handelt es sich um Profis, die vor nichts zurückschrecken, um an Geld zu kommen. Den Unterschied zwischen diesen Berufskriminellen und Tätern, die eher amateurhaft agieren, sah man jüngst auch bei den Bankomateinbrüchen. Amateure versuchen zum Beispiel, Bankomaten mit der Lasso-Methode aus der Verankerung zu reißen. Ein Vorhaben, das in beinahe allen Fällen zum Scheitern verurteilt ist. Profis hingegen sprengen die Geldautomaten auf. Mit der richtigen Mischung und Dosierung des verwendeten Gases. Das verdeutlicht die Zweiklassen-Gesellschaft, die es schon lange auch im kriminellen Milieu gibt.

Ende am Straßenstrich.

Mädchen am Straßenstrich leben gefährlich. Egal wo. Sie, die so respektlos „Schwalben" genannt werden, stehen draußen, entlang bestimmter Straßen, egal bei welchem Wetter, bedienen Laufkundschaft, nur ganz selten Stammkunden. Sie gehören zur untersten Schicht im horizontalen Gewerbe. Wenn die Politik eingreift, dann um sie von ihren Standplätzen zu vertreiben. Da mangelt es auch nicht an originellen Ideen, zum Beispiel einer Bestrafung der Freier. Die Probleme der Mädchen werden damit nicht gelöst. Aber das interessiert viele Politiker nicht wirklich.

Straßenstrich.

Am Abend des 20.Mai 1981 ist Christine Reitzl wieder in der Hackn. Wie jeden Abend. Als Straßenprostituierte arbeitet sie in der Salzburger Elisabethvorstadt. Bei der Elisabethkirche oder in der Franz-Josef-Straße steigt sie zu Freiern ins Auto. Straßenprostitution ist hauptsächlich jenen vorbehalten, die auf einer unteren Stufe des Lebens angekommen sind. Junge Frauen, die nicht mehr viel zu erwarten haben. Mädchen, allein oder in Abhängigkeit von Zuhältern, die ihre „Hasen" auf den Strich schicken. Dort verkaufen diese armen Geschöpfe für ein paar Euro das letzte, was sie haben: ihre Ehre und ihren Stolz. Jeder, der etwas anderes behauptet, kann getrost davon ausgehen, dass er keine Ahnung hat.

Kein Mädchen steht am Straßenstrich, weil das alles so lustig oder so geil ist, sondern weil es schlicht ums Überleben geht. Die Preise für den Geschlechtsverkehr im Auto sind niedrig, die Anforderungen hoch, und das Sicherheitsrisiko erheblich. Anders gesagt: Du musst praktisch jedes Angebot annehmen, alles tun, was Mann will, denn so viele Kunden gibt es nicht.

Christine Reitzl gehört aber nicht zu jenen, die schon ganz unten angekommen sind. Sie steht zwar als Geheimprostituierte auf der Straße, hat aber auch einen Freund. Beide brauchen Geld, sie will und muss dazuverdienen. Sonst würde sie nicht hier stehen. Außerdem ist sie im achten Monat schwanger. Nach Mitternacht steigt sie in der Franz-Josef-Straße in ein Auto. Es ist ein Ford Taunus, der langsam an den Straßenrand rollt. Ein etwa 25 bis 30 Jahre alter Mann mit auffallend kräftigen Händen, blonden Haaren und einem Schnurrbart kurbelt das Fenster herunter. Der Mann mit Kärntner Dialekt will zuerst sie – so sagt eine Zeugin – mitnehmen. Aber das Ziel, ein Waldgebiet außerhalb der Stadt, ist ihr zu unheimlich. Anstelle der Zeugin steigt Christine Reitzl in den Wagen. Das ist ihr Todesurteil.

Am nächsten Morgen, dem 21. Mai 1981, ist eine Hausfrau aus Elixhausen im nahen Aubergwald unterwegs. Sie sieht etwas im Unterholz liegen, hält es für einen Tierkadaver. Ihr Mann entdeckt später die nur mit einem schwarzen Pullover bekleidete Leiche. Christine Reitzl ist gewürgt und geschlagen worden und nicht an den Misshandlungen, sondern am Schock gestorben, sagt der Gerichtsmediziner. Wahrscheinlich ist sie schon tot, als sie aus dem Auto gestoßen wird. Die Tatortspezialisten finden Reifenspuren und einen kleinen grauen Hemdknopf an blauer Nähseide. Verschwunden bleiben die rote Handtasche des Opfers und Kleidungsstücke (ein schwarz-weißer Rüschenrock und ein goldfarbener Lackmantel).

Vielversprechende Spuren.

Jene Zeugin, die Christine Reitzl in das Auto ihres (vermutlich) letzten Freiers einsteigen gesehen hat, kann der Polizei mit Details dienen, die sie sich insbesondere am Auto des Freiers, wie erwähnt einem Ford Taunus, gemerkt hat. Darauf gehen auch die „Salzburger Nachrichten" Jahre später in ihrer Ausgabe vom 1.5.1993 ein, als sie den Mord wieder thematisieren. Sie schreiben:
„Viel versprechend war ihre Beschreibung (Beschreibung der Zeugin, Anm. d. Verfassers) des Autos. Eine kleine ovale Plakette auf dem Spoiler mit dem Firmenlogo FORD wies nur eine beschränkte Serie der Automarke auf. Dazu kam noch der Kärntner Dialekt des letzten Freiers, der Anfang des Kennzeichens K 139, das auf den Bezirk Wolfsberg deutete. Die Zeugin erinnerte sich, gehört zu haben, dass der Freier zeitweise in München arbeite."

Die Polizei nimmt nicht weniger als 200 FORD und deren Halter unter die Lupe. Ein Verdächtiger kann ein einwandfreies Alibi erbringen.
Die Kriminalisten suchen nach der sprichwörtlichen Stecknadel im Heuhaufen. Vergeblich. Und das, obwohl sich auch das Rotlichtmilieu mit Hinweisen bei der Polizei einstellt. Man fürchtet um das Wohl der Damen, vielleicht sogar mehr ums Geschäft. Ein Prostituiertenmord bringt jedenfalls Unruhe in die Szene.

„Aktenzeichen XY ungelöst" bringt keinen Erfolg!

Bei besonders mysteriösen Kriminalfällen griffen die Kriminalisten damals gern zur Unterstützung durch die Fernseh-Fahndungssendung „Aktenzeichen XY ungelöst". Das war schon bei Österreichs mysteriösestem Mordfall an der Vöcklabruckerin Martina Posch (vgl. Blaichinger: Mysteriöse Kriminalfälle aus Österreich Band 1) so, das ist auch später bei der Suche nach dem Juwelier Friedrich Heisler so. Es ist der 13. November 1981. 17 Millionen Menschen aus Österreich, Deutschland und der Schweiz sitzen am Freitag ab 20.15 Uhr vor den Fernsehschirmen, um bei der Verbrecherjagd zu helfen. Der Mord an der Prostituierten Christine Reitzl wird in Wien gedreht, tatsächlich bringt der ausgestrahlte Kurzfilm 30 Hinweise, die alle überprüft werden. Das Ergebnis ist ähnlich wie bei Martina Posch und Friedrich Heisler: Der zielführende Tipp ist nicht dabei, auch wenn die „Krone" am 15.11.1981 noch von Hoffnungen der Kriminalisten schreibt.

30 Hinweise für Salzburger Kriminalisten nach „XY":

Neue Spuren im Mordfall

Wurde vor sechs Monaten ermordet: Christine Reitzl

Etwa 30 Hinweise erhielten Freitag abend und am Samstag die Kriminalisten der Salzburger Gendarmerie im Mordfall Christine Reitzl nach der Darstellung des Falles in der Fernsehsendung „XY". Die Fahndung nach dem Täter war bereits auf einem toten Punkt angelangt. „Die Hinweise scheinen uns ein Stück weiterzubringen", erklärten Kriminalbeamte.

Die Fahndung der Exekutive konzentriert sich derzeit auf einen etwa 25- bis 30jährigen Mann, der oberösterreichischen Dialekt sprechen und in München arbeiten soll. Einziger Hinweis auf den 170 bis 175 Zentimeter großen, dunkelhaarigen Oberlippenbartträger ist das Fahrzeug, mit dem er kurz vor der Tatzeit in Salzburg gesehen wurde. Es handelt sich um einen roten Ford, Baujahr 1975, der ein Kärntner Kennzeichen hatte.

Bekanntlich war am 21. Mai die fast nackte Leiche der Salzburger Prostituierten Christine Reitzl in einem Wald bei Elixhausen aufgefunden worden. Die Obduktion der Leiche ergab, daß die Vierundzwanzigjährige massiv gewürgt worden war und wenig später dadurch an einem Kreislaufschock starb. Die Frau war außerdem im achten Monat schwanger gewesen.

In den vergangenen sechs Monaten wurden von den Gendarmeriekriminalisten Dutzende Personen überprüft und sämtliche Hinweise „ausgeschlachtet", allerdings ohne Erfolg. Als letzter Hoffnungsschimmer wurde nun die Fernsehausstrahlung gemacht.

15.11.81

Salzburg Krone vom 15. 11. 1981

Eine Angehörige der toten Christine Reitzl hat – nachdem sie im Fall Silke Schnabel von der erfolgreichen Hartnäckigkeit des Salzburger Opferanwalts Stefan Rieder gehört hatte – diesen gebeten, den Fall Christine Reitzl nochmals zu studieren. Auch ich habe den Fall Christine Reitzl mit ihm besprochen.

Interview:
„Ich habe nie eine Antwort aus dem Innenministerium erhalten."

AUTOR: Herr Doktor Rieder, warum haben Sie sich dieses Falles wieder angenommen?

RIEDER: *Ich wurde von einer Angehörigen der Toten vor einigen Jahren gebeten, dass ich mir die Akten noch einmal anschaue. Die Mandantin wollte u.a. wissen, ob ein heute nicht mehr lebender Serienmörder als Täter in Frage gekommen wäre. Das hat sich aber als unmöglich herausgestellt, da dieser zum Zeitpunkt der Tat in Haft war.*

AUTOR: Was haben Sie in weiterer Folge unternommen?

RIEDER: I*ch habe mich zweimal schriftlich an das Bundesministerium für Inneres gewandt, am 23.6.2010 (siehe Faksimile, Anm. des Autors) und am 18.4.2012. Leider, und zu meiner Verwunderung, habe ich nie eine Antwort erhalten. Wenig später hat die Angehörige der Toten mich gebeten, keine weiteren*

Cold Case
Mord an Christine Reitzl

Sehr geehrte Damen und Herren!

[redacted]

[redacted], welche im Mai 1981 als damals 24-Jährige gewürgt und ermordet wurde. Ihre Leiche wurde im Wald auf dem Auberg zwischen Lengfelden und Elixhausen-Sachsenheim gefunden. Sie starb laut Gerichtsmedizin an einem Kreislaufschock infolge Würgens.

Frau Reitzl übte das Gewerbe der Prostitution auf dem Straßenstrich in der Elisabeth-Vorstadt aus. Bei Auffindung war sie mit einem schwarzen Pullover bekleidet. Als sie in einen Pkw stieg, trug sie einen schwarz-weißen Rüschenrock, schwarzen Rollkragenpullover, goldfarbenen, wadenlangen Kunststoffmantel und schwarze Holzpantoffel. Aller Voraussicht nach trug sie auch eine rote Handtasche.

Damals wurde neben der Toten ein Hemdknopf sichergestellt. Überdies wurden Lackspuren an Ästen, die möglicherweise einem Fahrzeug zuzuordnen sind, gefunden.

Das Verbrechen ist bisher ungeklärt.

Schritte mehr zu setzen, da eine Aufarbeitung für die gesamte Familie eine psychische Belastung darstellt, womit die Sache derzeit für mich abgeschlossen ist.

AUTOR: Der Leiter des Ermittlungsbereichs 01 Leib und Leben beim LKA Salzburg, Herbert Hanetseder, hat auf die Frage eines möglichen Zusammenhangs zwischen den beiden Prostituiertenmorden an Heidi Mayrhofer und Christine Reitzl binnen sechs Monaten (!) davon gesprochen, dies könne Zufall sein oder auch nicht. Können Sie schon sagen, wohin Sie tendieren? Zufall oder nicht?

RIEDER: *Ich kenne als Opferanwalt nur den Mord an Heidi Mayrhofer näher. Da gibt es zwar einen, der gebüßt hat, die Tat aber leugnet. Bei Christine Reitzl würde ich dem Gefühl nach von einem psychopatischen Freier als Täter ausgehen.*

AUTOR: Eine letzte Frage: Haben die Angehörigen Ihnen gegenüber eine Vermutung geäußert, wer hinter dem Mord an Christine Reitzl stecken oder welches Motiv sich dahinter verbergen könnte?

RIEDER: *Nein.*

Parallelen.

Als ich mich zum ersten Mal mit dem Mord an Christine Reitzl befasste und von der Täterbeschreibung durch die Zeugin hörte, dachte ich sofort an den Vermisstenfall Elfriede Schönberger. Auch hier gibt es einen Hinweis (auch ein Phantombild) auf einen blonden Mann mit Schnurrbart. Vielleicht erkennen Sie eine gewisse Ähnlichkeit. Ich habe die Polizei jedenfalls auf beide Bilder aufmerksam gemacht.

Phantombild im Mordfall R. (links) und im Vermisstenfall Schönberger.
Zusammenstellung: Blaichinger

Freilich: Das kann und muss nichts heißen, zeigt für mich aber, wie wichtig es ist, ungeklärte Fälle miteinander zu vernetzen. Prinzipiell glaube ich nicht so wirklich an den Einmal-Täter: Ein gewisses Potenzial an krimineller Energie lässt gewisse Personen immer wieder zuschlagen.
Ich muss noch feststellen, dass man sich bei dem Tod von Christine Reitzl weder auf Mord noch auf den von der Zeugin benannten Ford Taunus-Fahrer als Täter festlegen darf. Die Polizei tut das ohnehin nicht. Der Tod der Christine Reitzl

könnte auch „unabsichtlich“ bei sadomasochistischen Spielchen erfolgt sein. Und niemand weiß, ob die Prostituierte nicht noch einen anderen Freier nach dem Taunus-Fahrer gehabt hat. Interessant wäre der Mann aber trotzdem.
Den Vermisstenakt Elfriede Schönberger gibt es mittlerweile bei der Staatsanwaltschaft Wels nicht mehr. Entsprechend gesetzlichen Vorgaben würden Akten nach einer bestimmten Zeit skartiert, sagt der Sprecher der Staatsanwaltschaft, Christian Hubmer. Ich halte das für einen Skandal. Dieser Akt hätte eindeutig in die Rubrik Cold Case gehört. Die Angehörigen der Vermissten haben – und auch das ist meines Erachtens ein untragbarer Zustand – keine Kenntnis von der Skartierung erhalten.

17 Jahre unschuldig in Haft?

Auch die folgende Geschichte stellt sich nahtlos in die Reihe der mysteriösen Kriminalfälle. Sie ist vielleicht noch ein wenig brisanter als die anderen. Möglicherweise hat hier ein Mensch für einen Mord gebüßt, den er nicht begangen hat.

Der „Mandi" lässt seine Damen arbeiten.

Salzburg, Mitte der 70er Jahre. Die Rotlichtszene der Mozartstadt ist klein, aber nicht wirklich fein.
Prostitution gibt es in allen Formen, auf der Straße, in eleganten Lokalen und schummrigen Kneipen, auch in angemieteten Privatwohnungen. Legal und illegal. Prostituierte sind fast immer die Verlierer in dieser Art von Gewerbe. Ihnen bleibt oft nur das Nötigste zum Leben, viele hängen an Drogen. „Beschützt" werden die Damen in der Regel von Zuhältern, die sich die Marktanteile im Rotlichtmilieu teilen. Damals gab es eine so genannte Demarkationslinie zwischen den oberösterreichischen und den Salzburger Strizzis. Die Eisenbahnerstadt Attnang-Puchheim markierte die Grenze des jeweiligen Einflussbereiches. Südlich dieser Grenze Richtung Salzburg und in der Mozartstadt kannte man damals eingesessene lokale Rotlichtgrößen wie den „Wiggerl", der auch ganz gern in Diskotheken auftaucht, vor allem im seinerzeitigen Szenetempel „Half moon". Es war aber auch die Zeit, wo die Szene etwas durchmischt wurde, eine neue Generation, sozusagen die jungen Wilden, versuchte, Einfluss zu gewinnen. Etwa die spätere lokale Szene-Größe „Franky", die schon etliche Jahre nicht mehr unter den Lebenden weilt.

Der junge Manfred gehört nicht zu dieser neuen Generation, er wird in der Rotlichtszene eher ein Einzelgänger bleiben. Wenn auch einer, der sich gern mit den Statussymbolen der Strizzis, etwa einem amerikanischen Schlitten, in seinem Fall einem

FORD Gran torino, schmückt. Als Einzelgänger fühlt sich der Sohn eines Amerikaners und einer Köchin ganz gut. Und als Discjockey hat der gelernte Maler viele Frauenkontakte und rutscht langsam ins Milieu hinein. Fesch ist er, von dunkler Statur, nicht sehr groß, aber kräftig. Und wenn sich das Geld leicht verdienen lässt, warum nicht? Manfred, der von sich sagt, keine Angst zu kennen, wird der Salzburger Polizei rasch ein Dorn im Auge. Oft halten sie ihn auf, kontrollieren ihn – vergeblich – auf Drogenbesitz. „Manchmal sogar mehrmals am Tag“, sagt er zum Autor. Der Umgang mit seinen „Damen“ ist recht freizügig. „Jede konnte gehen, wann sie wollte“, erinnert er sich. Es habe nie Zwang gegeben. Aber Schläge gab es dennoch. Mit dieser ambivalenten Einstellung hat er mehrere Jahre mit vier Prostituierten gearbeitet. Mit seiner damaligen Frau Edith, Heidi Mayrhofer, Ingrid Tschreschnig und noch einer weiteren, an die er sich nicht mehr erinnern kann.
Dann erfährt sein Leben eine unglaubliche, nie für möglich gehaltene Wendung.

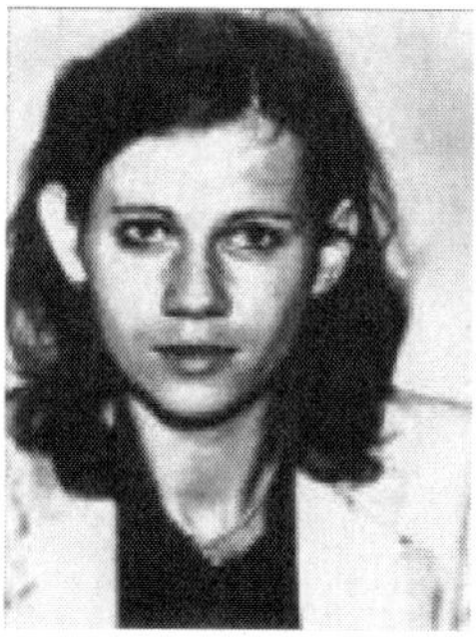
Heidi Mayrhofer.
Foto: Polizei

Am 5. November 1980 versucht er die Prostituierte Heidemarie Mayrhofer, die für ihn in einer angemieteten Wohnung in der Linzer Gasse im horizontalen Gewerbe tätig ist, telefonisch zu erreichen. Mehrmals wählt er die Nummer über das Festnetz, dann überfällt ihn ein komisches Gefühl. Heidi war nämlich krank, hatte eine schwere Operation hinter sich. „Ich fahr schnell zur Heidi“, soll er zu seiner Frau gesagt haben. Dann macht er sich auf den Weg. Er findet Mayrhofer in der Wohnung, erwürgt mit einem zwei Meter langen Elektrokabel. Spuren eines Kampfes gibt es nicht. Wohl aber dürften in der Wohnung 3000 Schilling fehlen.

Mit einem Taxi kommen auch die von B. alarmierte Frau des Zuhälters und Ingrid Tschreschnig zum Tatort. Dann wird die Polizei gerufen. Dass B. rasch ins Visier der Kriminalisten gerät, hat er seiner eigenen Ungeschicklichkeit zu verdanken. Er sagt aus, er wäre gemeinsam mit den Frauen per Taxi in die Wohnung der Ermordeten gekommen. Doch die Ermittler finden rasch den Taxilenker, der sich nur an zwei weibliche Fahrgäste erinnert. Dass B. versucht, mit einem getürkten Alibi durchzukommen, lässt sich heute möglicherweise damit erklären, dass er Angst hatte, die Polizei würde ihm nicht glauben. Tatsächlich ist der stämmige Zuhälter schon lange kein Unbekannter mehr. Laut Polizei gilt er als einer, der auch einmal hinlangt, wenn die Dinge nicht so laufen, wie er das will. Die junge, drogensüchtige Prostitierte Mayrhofer will damals angeblich aussteigen. Der Verlust dieser Einnahmequelle dürfte B. sicherlich nicht amüsiert haben. Der Zuhälter habe sie deshalb bedroht und mitunter auch geschlagen, glaubt die Polizei. Ein paar Watschen wegen der Drogensucht von Mayrhofer räumt der schlagkräftige Strizzi im Verhör auch ein, aber ihre Tötung leugnet er. In den Verhören, später im Prozess, dann in Briefen aus der Haft an verschiedene Adressanten und bis heute.

1981 folgt der Prozess. Ein Geständnis von B. gibt es nicht. Die Geschworenen sprechen den angeklagten Zuhälter denkbar knapp mit 5:3 Stimmen schuldig. Berufung und Nichtigkeitsbeschwerde werden verworfen. Zur Verbüßung seiner Haftstrafe wird B. in die Justizanstalt Garsten überstellt. Nach 17 Jahren im Gefängnis kommt er 1997 frei und lebt heute in Oberösterreich.

Neue Spuren nach drei Jahrzehnten.

Anfang der 80er Jahre ist die Daktyloskopie (die Sicherung von Fingerabdrücken) noch das Maß aller Dinge in der Kriminaltechnik. Auch in der in der Linzer Gasse angemieteten Wohnung der Prostituierten wird auf einem Etui ein Fingerabdruck gesichert. Dieser kann weder B. noch einer anderen Person zugeordnet werden. Der Fingerabdruck kommt in die zentrale Datenbank beim Bundeskriminalamt Wien. Blutspuren, die aber ebenfalls keine weiteren Erkenntnisse bringen, finden sich auf dem Leibchen (einer Art Bluse) der Ermordeten. Es handelt sich sowohl um Blut des Opfers als auch um Fremdblut der Blutgruppe 0, die der später Verurteilte nicht hat. Auch nicht die Ermordete. Die spätere Erklärung des damaligen und inzwischen verstorbenen Gerichtsgutachters, das Blut stamme vielleicht von einem Prosekturgehilfen bei der Obduktion, wird von Salzburger Kriminalisten widerlegt. Die Tatortfotos zeigen, dass das Blut bereits bei Auffindung der Leiche auf dem Leibchen der Ermordeten war.
Mit der Verurteilung von B. scheint die Sache erledigt, mehr als drei Jahrzehnte lang.

Dann gibt es bei einem internationalen daktykologischen Routineabgleich einen Treffer. Der Fingerabdruck passt zu einem niederländischen Staatsbürger, der als LKW-Fahrer heute in München lebt. Bei den folgenden Erhebungen stellen sich zwei Dinge heraus. Zum einen war der damals 16jährige 1980 in Salzburg, wo er eine Kochlehre absolvierte. Und eine freiwillig abgegebene Blutprobe zeigt, dass der Niederländer Blutgruppe 0 hat. Dieser bestreitet jeden Zusammenhang mit der Tat. Er kenne weder die Ermordete noch den Verurteilten und wisse auch nicht, wie sein Fingerabdruck auf das Etui gekommen sein könnte. Und selbst, wenn der Mann in der Wohnung gewesen wäre und in das Etui gegriffen hätte, ein Mordverdacht lässt sich daraus keinesfalls konstruieren. Seltsam nur, dass Heidemarie Mayrhofer einer Kollegin kurz vor ihrem

Tod erzählt haben soll, sie habe einen netten, ganz jungen Burschen kennen gelernt und sei mit ihm auf das Zimmer gegangen. Der niederländische Zeuge antwortet auf eine entsprechende Frage der Polizei, er sei das jedenfalls nicht gewesen.

Auch die „Salzburg-Krone“ berichtet immer wieder über den Mordfall Mayrhofer, um zu verhindern, dass dieser in Vergessenheit gerät.

Seite 32 — SALZBURG — Sonntag, 8. April 2012

Wiederaufnahme beantragt: Neue Erkenntnisse 31 Jahre nach Mord in Salzburg

Blut belastet zwei Verdächtige

Beweist die Blutgruppe „0“ 31 Jahre nach einem Mord in Salzburg die Unschuld eines bereits verurteilten Täters? 17 Jahre saß Manfred B. im Gefängnis, obwohl sein Blut nicht zu den Spuren am T-Shirt des Opfers passte. Dafür gibt es nun Hinweise zu zwei neuen Verdächtigen. Deren Blutgruppe stimmt überein.

Dieser Kriminalfall gibt 31 Jahre nach der Tat große Rätsel auf – und die Lösung könnte in der „0“ liegen.

Das jedenfalls ist die Blutgruppe von jenen Spuren, die am 5. November 1980 am T-Shirt von Mord-Opfer Heidemarie Mayrhofer gesichert wurden.

Ihr Zuhälter Manfred B. wurde als Mörder zu 20 Jahren verurteilt. Obwohl er stets seine Unschuld beteuerte und nicht die Blutgruppe „0“ hat. Genau so wenig wie das Opfer selbst.

Durch einen Zufall kam die Justiz auf eine neue Spur und stellte – wie berichtet – einen Wiederaufnahmeantrag. Ein DNA-Abgleich führte 2011 zu einem in München lebenden Lkw-Fahrer. Sein Fingerabdruck passte zu jenem, der am Tatort auf einer Schatulle gefunden wurde. Der gebürtige Niederländer hat Blutgruppe „0“.

Im Akt findet sich noch eine weitere Spur: Eine Kollegin des Opfers will den Vermieter der Wohnung zusammen mit dem späteren Opfer am Tag der Tat noch gesehen haben. „Er war also laut Aussageprotokoll der letzte, der Mayrhofer lebend gesehen hat“, folgert Opfer-Anwalt Dr. Stefan Rieder.

Die genannte Kollegin kann dazu nicht befragt werden: Sie gilt offiziell als vermisst. Der Vermieter wurde

VON MAX GRILL

bereits von der Polizei einvernommen. Er leugnet – aber auch er hat die Blutgruppe „0“.

Rieder will nun Manfred B. zu diesen neuen Erkenntnissen befragen lassen und hofft, dass der Wiederaufnahmeantrag der Staatsanwaltschaft abgesegnet wird. Darüber entscheidet ein Drei-Richter-Senat am Landesgericht in Salzburg.

salzburg@kronenzeitung.at

Foto: MAX GRILL

„Der ‚Weiße Ring‘ vertritt die Angehörigen des Mordopfers. Wir hoffen auf eine Wiederaufnahme.“

Opfer-Anwalt Dr. Stefan Rieder

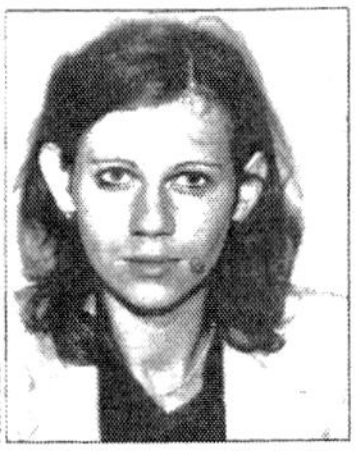

Foto: Polizei

Opfer Heidemarie Mayrhofer

Liebe Leser!

Aufgrund des Doppel-Feiertages gibt es am Montag, dem 9. April 2012, keine „Kronen Zeitung“. Ihre nächste „Kronen Zeitung“ erhalten Sie wieder am Dienstag, dem 10. April, in allen Verkaufsstellen.

Aktuelle Berichte und Nachrichten rund um die Uhr unter www.krone.at

Bluse vernichtet, Kabel verschwunden.

Lange Zeit ist die Bluse der Heidemarie Mayrhofer mit den Blutflecken in Verwahrung durch die Polizei. Nach der Verurteilung von Manfred B. wird sie Heidis Mutter zurückgegeben. Diese bewahrt das Erinnerungsstück auf. Dann kommt es in Besitz des Sohnes der ermordeten Prostituierten. Als die Bluse etliche Jahre später – bedingt durch neue Untersuchungstechniken – unerwartet wieder an Bedeutung gewinnt, ist sie bereits entsorgt. Die Bluse war gemäß einem Beschluss des Landesgerichtes Salzburg zusammen mit anderen Kleidungsstücken an die Mutter der Ermordeten ausgefolgt worden.

Diese hatte die Sachen bis zu ihrem Tod am 23.7.2004 aufbewahrt. Der Sohn der Heidemarie Mayrhofer, der zur Tatzeit sieben Jahre alt war, hat die Sachen nach dem Tod seiner Oma übernommen und sie im Lauf der Zeit vernichtet. Eine verständliche Handlung für jemanden, der irgendwann abschließen will und muss. Für die Klärung eines möglichen Justizirrtums ist das aber ein herber Rückschlag.
Das Kabel, mit dem Heidi erwürgt wurde, sollte an Manfred B. übergeben werden. Das Kabel gehörte zu einem Filmapparat, welcher ihm gehörte, und somit war auch das Kabel sein Eigentum. Dazu ein paar wichtige Details: Mit Beschluss des Landesgerichtes Salzburg, AZ: 15 Hv22/81 vom 10.5.1982 wurde verfügt, dass an Manfred B. aus dem Standblatt 1 und 3, nämlich1 schwarzes Elektrokabel und 1 Teeglas auszufolgen sind. Der Beschluss wurde damals an die Verwahrungsstelle des LG und BG Salzburg übermittelt. B. behauptet, er habe das Kabel nie bekommen. Wie auch? Er war ja in Haft, und dort wird man ihm das Kabel kaum ausgefolgt haben. Wo also ist das Kabel? Das Gericht hat suchen lassen. Aber weder in der U-Haft in Salzburg noch in der Justizanstalt Garsten war es je aufgetaucht. Was für eine Schlamperei! Unglaublich.

Anwälte und Staatsanwaltschaft Salzburg beantragen Wiederaufnahme des Verfahrens.

Wegen der aufgetauchten neuen Fragen beantragen Staatsanwaltschaft Salzburg, der Rechtsanwalt von B., Clemens Krabatsch, und der Rechtsanwalt des Sohnes der Ermordeten, Stefan Rieder, eine Wiederaufnahme des Verfahrens.
Für B. – sollte er tatsächlich nicht der Mörder von Heidemarie Mayrhofer sein – wäre eine Wiederaufnahme des Verfahrens die Chance, rehabilitiert zu werden. Zusätzlich stünde ihm eine erhebliche Haftentschädigung zu.
Doch der Senat des Landesgerichtes Salzburg lehnt eine Wiederaufnahme ab. Man sehe keinen Bezugspunkt, dass der Verursacher der Spuren mit dem Tötungsdelikt etwas zu tun habe. Und die Tatsache, dass weder Blutspuren noch Fingerabdruck

vom Zuhälter stammten, sei schon in der Hauptverhandlung entsprechend gewürdigt worden. Ausschlaggebend für die Ablehnung dürfte auch gewesen sein, dass die Blutgruppe 0 bei 35-40 Prozent der Gesamtbevölkerung gegeben ist.

Rechtsanwalt Rieder ist ganz anderer Ansicht.

Der Anwalt des Sohnes der ermordeten Prostituierten, Stefan Rieder, sieht die Entscheidung des Landesgerichtes mit Unverständnis. In einem Interview mit der Kronen Zeitung meinte er zu dem Argument, bis zu 40 Prozent der Gesamtbevölkerung hätten Blutgruppe 0 folgendes:

„Der Verweis auf die Gesamtbevölkerung ist nicht zulässig. Der eine hat Fingerabdrücke am Etui in der Wohnung hinterlassen. Der andere war der Letzte, der die Ermordete lebend gesehen hat. Er war überdies nach einer Aussage im Akt auch Eigentümer des Etuis. Jetzt zu sagen, die beiden wären nicht verdächtiger als die gesamte Bevölkerung mit der Blutgruppe 0, ist ein Unsinn."

Anwalt Stefan Rieder spricht in diesem Krone-Interview von einem weiteren Zeugen. Ihm will ich noch gesondert einige Zeilen widmen.

Der zweite Zeuge.

Mitte Mai 2013 lese ich ein Buch des KLEINE ZEITUNG-Journalisten Hans Breitegger über ungeklärte Mordfälle in der Steiermark. Dabei fällt mir ein Vermisstenfall besonders auf: Ingrid Tschreschnig. Die damals 31jährige Prostituierte wird seit Anfang November 1987 vermisst. Breitegger schreibt: „Das genaue Datum ihres Verschwindens kann jedoch nie in Erfahrung gebracht werden. Alles, was man weiß: Die Spur der Prostituierten verliert sich in einem Grazer Nachtlokal, in dem sie gearbeitet hat. Vermutungen, dass sie sich nach Deutschland abgesetzt haben könnte, bestätigen sich nicht." Und Breitegger zitiert auch einen Mann, der gute Kontakte zur Unterwelt und zu den Rotlicht-Bossen hat. Seiner Meinung nach sei Tschreschnig „weggeputzt" worden.

Doch warum erzähle ich das? Ingrid Tschreschnig ist jene Zeugin, die am 10. 11. 1980 vor der Polizei angibt, einen nahen Verwandten des Vermieters der Wohnung in der Linzer Gasse zusammen mit Heidi Mayrhofer gesehen zu haben. Kurz vor dem Mord. Der Name dieser Person tut nichts zur Sache, daher nenne ich ihn (auch in dem folgenden Auszug aus der Niederschrift) Herr X.

Konkret sagt Ingrid Tschreschnig bei ihrer Einvernahme in der Bundespolizeidirektion Salzburg niederschriftlich Folgendes: *„Am 5.11.1980, vermutlich gegen 14.00 Uhr, begab ich mich zu Fuß von der Wohnung zur Ecke Linzergasse - Wolf-Dietrich-Straße, nachdem ich vorher mit Manfred (B., Anm. des Autors) vereinbart hatte, dass er mich dort abholt. Manfred kam wie vereinbart. Vorher kam schon Herr X daher und blieb bei mir stehen. Er fragte mich, wo der Mandi ist und ob er nicht die Miete bezahlt würde (Fehler in der Niederschrift, Anm. des Autors). Er sagte, er sei ‚Neger'. Ich sagte, er solle das mit Mandi ausmachen, der komme sowieso gleich. Da kam auch B. schon gefahren. X. sprach dann mit B., nachdem die Heidi ausgestiegen und ich eingestiegen war. Mandi fuhr dann mit mir in Richtung Sterneckstraße. Ob die Heidi mit dem X. weitergegangen ist, kann ich nicht sagen."*

Salzburg, Ecke Linzergasse - Wolf-Dietrich-Straße. Nach Aussagen der verschwundenen Zeugin Ingrid T. hat sie hier der „Mandi" abgeholt. Und hier sah sie auch den Mann, der Heidi Mayrhofer möglicherweise als letzter lebend gesehen hat. Foto: Blaichinger

Übrigens hat auch dieser Mann Blutgruppe Null. Von den Salzburger Kriminalisten wurde er im Herbst 2011 erneut einvernommen. Er wies jeden Zusammenhang mit der Tat zurück.

Interview:
„Nach heutigem Informationsstand hätten die Geschworenen wahrscheinlich anders entschieden."

Ich frage den Anwalt des Sohnes des Mordopfers, Stefan Rieder, wie es nun weitergehen würde und wie er die aktuelle Situation einschätze. Das Gespräch fand am 13. Juni 2013 in Rieders Salzburger Kanzlei am Giselakai statt. Das Interview ist selbstverständlich autorisiert.

Anwalt Stefan Rieder kämpft um eine Wiederaufnahme des Verfahrens gegen Manfred B. Foto: Blaichinger

AUTOR: Herr Doktor Rieder, halten Sie Manfred B. für unschuldig?

RIEDER: *Für mich ist das nicht die richtige Fragestellung. Ich halte mich an den Zweifelsgrundsatz. Es gibt mittlerweile zwei Verdächtige, die der Tat genauso nahe, möglicherweise sogar näher stehen, als der Verurteilte. Man muss bedenken, dass die Entscheidung der Geschworenen mit 5:3 sehr knapp gegen den Herrn B. ausgegangen ist. Hätten die Geschworenen zum damaligen Zeitpunkt gewusst, dass es zwei Personen gibt, von denen die eine einen Fingerabdruck auf einem in der Wohnung sichergestellten Etui hinterlassen hat und damals nachweislich in Salzburg war und die andere möglicherweise die letzte war, die Heidemarie Mayrhofer lebend gesehen hat, und darüber hinaus beide im Unterschied zum Verurteilten die Blutgruppe wie auf der Bluse der ermordeten Mayrhofer haben, wäre die Entscheidung sicher nicht gegen den Angeklagten ausgegangen. Das traue ich mir zu behaupten.*

AUTOR: Mit der Entscheidung des Oberlandesgerichtes Linz, eine Wiederaufnahme in der Sache Heidi Mayrhofer abzulehnen, sind sie wohl überhaupt nicht zufrieden. Warum?

RIEDER: *Ich bin deshalb nicht zufrieden, weil sowohl die Entscheidung des Landesgerichtes Salzburg als auch jene des Oberlandesgerichtes Linz aus meiner Sicht nicht richtig sind. Es liegen eindeutig neue Beweismittel vor. Das sieht auch das Oberlandesgericht so. Nur ist man hier der Meinung, dass diese Beweismittel nicht gereicht hätten, um das Beweisergebnis der Hauptverhandelung zu erschüttern. Ich bin da ganz anderer Meinung.*

AUTOR: Wie geht es jetzt weiter?

RIEDER: *Eine weitere Berufungsmöglichkeit gegen die Entscheidung des Oberlandesgerichtes Linz ist nicht mehr möglich. Aus diesem Grund habe ich am 5.9.2012 bei der Generalprokura-*

tur in Wien eine Anregung auf Erhebung einer Nichtigkeitsbeschwerde zur Wahrung des Gesetzes eingebracht. Folgt die Generalprokuratur meiner Anregung, geht die Sache zum Obersten Gerichtshof, und es besteht damit die Chance, dass die Beweismittel noch einmal neu bewertet und gewürdigt werden müssen. In letzter Konsequenz könnte der Prozess gegen den Verurteilten noch einmal stattfinden. Das würde ich mir im Sinne der endgültigen Wahrheitsfindung wünschen. Wenn B. frei gesprochen würde, wäre der Weg praktisch frei für neue Mordermittlungen durch Staatsanwaltschaft und Polizei.

AUTOR: Haben Sie schon mit Manfred B. gesprochen, ob und welche Querverbindungen es zwischen den beiden Männern mit Blutgruppe Null, aber auch zu Ingrid T. geben könnte?

RIEDER: *Ich bin der Anwalt des Sohnes des Mordopfers. Eine direkte Kontaktaufnahme mit Verurteilten oder Verdächtigen liegt außerhalb meines Mandats und meines Aufgabenbereichs.*

AUTOR:: Noch eine letzte Frage. Müssten nicht angesichts der rasanten kriminaltechnischen Entwicklungen Asservaten zumindest in Fällen, wo es kein Geständnis gibt, sozusagen ewig aufbewahrt werden. Damit könnte ein Blusen-Missgeschick wie bei Heidi Mayrhofer verhindert werden.

RIEDER: *Ja natürlich. Bei Kapitalverbrechen müssten Asservate bis zum Ende ihrer Lebensdauer aufbewahrt werden. Auch nach rechtskräftigen Verurteilungen, egal ob mit Geständnis oder ohne, müsste dies gelten. Die Kriminaltechnik schreitet einfach wahnsinnig schnell voran. Morgen kann schon möglich sein, woran heute noch niemand denkt. Daher müssen die Asservate aufbewahrt werden, am besten in einer Art Hochsicherheitstrakt mit beschränktem personellen Zugang.*

Anmerkung: Das Interview fand am 13. Juni 2013 statt. Damals waren die Aktivitäten des Opferanwalts noch im Laufen.

Elf Tage später langte bei ihm ein Schreiben ein, in dem die Generalprokuratur beim Obersten Gerichtshof folgendes mitteilte: „Die Generalprokuratur teilt mit, dass nach Prüfung Ihres Schreibens vom 5. September 2012 und der Bezugsakten kein Anlass zur Erhebung einer Nichtigkeitsbeschwerde zur Wahrung des Gesetzes gefunden wurde."

Einschub: Immer wieder Pannen mit Asservaten. Der Fall Silke Schnabel

Rechtsanwalt Stefan Rieder, der auch Landesleiter und Opfervertreter des Weißen Rings in Salzburg ist, hat persönliche Erfahrungen mit dem bedauerlichen Verschwinden von Asservaten. Im Mordfall Silke Schnabel, an dem Rieder als Rechtsvertreter der Mutter der Ermordeten hohen Anteil hatte, dass der Mörder doch noch hinter Gittern landete, gab es eine solche Panne. Bei einer freiwilligen Nachschau im Zimmer des damals in U-Haft sitzenden Verdächtigen (er wohnte noch zuhause) fanden Kriminalisten einen Gürtel mit einem Blutfleck darauf. Eine Untersuchung des Gürtels in München (in Salzburg hatte man damals noch nicht die entsprechenden Analysemöglichkeiten) hatte erbracht, dass es sich dabei um die Blutgruppe der Silke Schnabel handelte. Im Zuge der beabsichtigten Fortführung des Verfahrens gegen den Verdächtigen im Jahr 2009 war das Landeskriminalamt Salzburg beauftragt worden zu ermitteln, wo der Gürtel geblieben war. Fazit nach intensiven Bemühungen: Der Gürtel war nicht mehr aufzutreiben. Auf ihm hätte eine moderne chemische Analyse allerdings der Blutfleck als von Silke Schnabel stammend identifiziert werden können. Allein einer dichten Indizienkette war es zu verdanken, dass der zu 20 Jahren Haft verurteilte Täter nicht mangels Beweisen freigesprochen werden musste.
Anmerkung: Der Gürtel ist auf dem Weg von der Gerichtsmedizin München nach Salzburg verschwunden. Ob auf dem Postweg oder anderswo, ließ sich nicht mehr feststellen.

Interview:

„Zwei Prostituiertenmorde in Salzburg innerhalb von sechs Monaten können ein Zufall sein oder auch nicht!"

Im folgenden Interview fragte ich Chefinspektor Herbert Hanetseder vom Landeskriminalamt Salzburg, ob es möglicherweise Zusammenhänge zwischen den Morden an den Prostituierten Mayrhofer, Tschreschnig und Reitzl geben könnte. Das Gespräch mit dem Leiter des Ermittlungsbereiches „Leib und Leben" führte ich im Juni 2013 im Landeskriminalamt Salzburg. Wie alle Interviews ist es autorisiert.

AUTOR: Herr Chefinspektor, Manfred B. wurde wegen Mordes an Heidi Mayrhofer rechtskräftig verurteilt und hat seine Strafe verbüßt. Ist die Sache damit erledigt oder gibt es von Seite der Polizei im Nachhinein Zweifel am Tathergang?

HANETSEDER: *Nach einem rechtskräftigen Urteil ist aus Sicht der Polizei ein Fall an und für sich abgeschlossen und erledigt. So auch der Fall Manfred B., welcher am 21.11.1981 von einem Geschworenengericht mit 5:3 Stimmen für schuldig erkannt und zu einer 20-jährigen Freiheitsstrafe verurteilt wurde. Nachdem es sich um einen Indizienprozess handelte und Manfred. B. die Tat nie gestanden, wohl aber das Urteil angenommen hatte, stellt sich natürlich die Frage: War er wirklich der Täter und wenn nein, warum hat er das harte Urteil angenommen? Da ich selbst bei den Ermittlungen zum Tathergang nicht beteiligt war, zumal ich damals noch gar nicht im Kriminaldienst war, gehe ich davon aus, dass die damals zuständigen Spurensicherer und Sachbearbeiter sehr gute Arbeit geleistet haben. Mir ist nichts darüber bekannt, dass das Gericht Zweifel an der damaligen Polizeiarbeit und den Ermittlungsergebnissen gehabt hätte.*
Nachdem im Juli 2010 vom Zentralen Erkennungsdienst beim BK Wien ein AVIS-Treffer zu diesem Mordfall gemeldet wurde, dem auch ein Spurenverursacher zugeordnet werden konn-

te, schaute ich mir den abgeschlossenen Fall noch einmal an. Im September 2010 berichtete ich das Ergebnis meiner Erhebungen zu diesem AVIS-Treffer der Staatsanwaltschaft Salzburg, welche daraufhin im Jänner 2011 beim Landesgericht Salzburg die Wiederaufnahme des Verfahrens gegen Manfred B. begehrte. Hinsichtlich der Gründe der Zurückweisung des Wiederaufnahmeverfahrens, darf ich Sie an das LG Salzburg verweisen.

AUTOR: Sind Zusammenhänge zwischen dem Mord an Heidi Mayrhofer, dem Verschwinden der Ingrid Tschreschnig und vielleicht auch dem Mord an einer weiteren Prostituierten, der Christine Reitzl, die im Mai 1981 ermordet und in einem Wald bei Elixhausen gefunden wurde, denkbar?

HANETSEDER: *Ingrid Tschreschnig war ebenfalls eine Prostituierte, die damals für Manfred B. sowohl am Straßenstrich als auch in der Wohnung in der Linzergasse 52 in Salzburg arbeitete. Sie kehrte nach einiger Zeit wieder in ihre Heimat nach Graz zurück u. arbeitete dort in einem Nachtlokal. Im November 1987 verschwand Ingrid Tschreschnig und wurde von ihrer Mutter als vermisst gemeldet. Unter welchen Umständen sie verschwunden ist, kann ich nicht sagen. Die diesbezüglichen Ermittlungen führte das LKA Steiermark. Einen Zusammenhang zwischen ihrem Verschwinden und dem Mord an Heidi Mayrhofer gab es meines Wissen nach nicht. Auch im Mord-Akt Heidi Mayrhofer konnte ich nichts darüber finden.*
Zum Mord an der Prostituierten Christine Reitzl, die in einem Waldstück bei Elixhausen aufgefunden worden war, kann ich nur so viel sagen, dass mir bekannt ist, dass sie damals erwürgt wurde. Christine Reitzl war im achten Monat schwanger und bei der Auffindung nur mit einem Pullover bekleidet. Für den Fall war damals die Kriminalabteilung des Landesgendarmeriekommandos Salzburg zuständig. Die Erhebungen haben damals ergeben, dass Christine Reitzl in der Nacht zum 21.05.1981 im Stadtgebiet von Salzburg von einem Pkw-Lenker am Straßenstrich aufgenommen wurde. Ob es sich bei diesem Freier um den

späteren Täter handelte, kann ich nicht sagen. Nachdem dieser aber nie ausgeforscht werden konnte, ist mit hoher Wahrscheinlichkeit davon auszugehen. Die Mordfälle Christine Reitzl und Heidi Mayrhofer wurden in den 1990er Jahren auch im Zusammenhang mit den Ermittlungen gegen Jack Unterweger, wegen mehrfachen Mordes an Prostituierten, überprüft. Ein Zusammenhang konnte jedoch nicht hergestellt werden.

AUTOR: Es gibt in Österreich eine Reihe ungeklärter Morde an Prostituierten. Werden diese eigentlich bundesländerübergreifend miteinander verglichen?

HANETSEDER: *Ja, wobei man natürlich sagen muss, dass die heutige Kommunikation zwischen den einzelnen Bundesländern und Polizeidienststellen ein ganze andere ist als früher. Wenn heute ein Mord passiert, ganz egal ob im Rotlichtmilieu oder anderswo, werden sofort sämtliche Landeskriminalämter davon in Kenntnis gesetzt. Es wird dann verglichen, ob dieser Mord bzw. der modus operandi zu einem ungeklärten Mord im eigenen Bundesland passt. Auch vor 20, 30 Jahren haben sich Polizeidirektionen und Kriminalabteilungen der Gendarmerie untereinander bei solchen Verbrechen verständigt und Informationen ausgetauscht. Heute gibt es beim Bundeskriminalamt in Wien eine Stelle (Cold Case Management), die sich speziell solcher Fälle annimmt.*

AUTOR: Könnte man – als vage Hypothese – ein und denselben Mörder in Betracht ziehen? Immerhin wurden Mayrhofer und Reitzl knapp hintereinander umgebracht. Und Tschreschnig in Graz ist wenige Jahre später verschwunden.

HANETSEDER: *Ich möchte mich hier auf keine Spekulationen einlassen. Dass Mayrhofer und Reitzl innerhalb von sechs Monaten ermordet wurden, kann ein Zufall sein oder auch nicht. Gleiches gilt für das Verschwinden von Tschreschnig in Graz, wobei man hier dazu sagen muss, dass dies erst einige Jahre später passierte.*

Es ist Ende Juli 2013, als ich mich am Bahnhof in Wels mit jenem Mann treffe, der 17 Jahre für den Mord an Heidi Mayrhofer in Haft gesessen ist: Manfred B. Die Anbahnung des Gespräches erfolgt telefonisch. B. ist sofort bereit zum Interview, fragt, wo es erscheinen wird. In der Zeitung? Im Fernsehen? Nein, in meinem neuen Buch. Auch das scheint okay für ihn. Der Eindruck, den ich von B. am Telefon gewinne, ist ein absolut positiver. Ein ruhiger, sachlicher Mann scheint das zu sein, der ausgesprochenen höflich wirkt.

Interview: **„Ich schwöre, ich bin nicht der Mörder von Heidi Mayrhofer."**

Autorisiertes Interview mit Manfred B., über sein Bekenntnis, nicht der Mörder von Heidi Mayrhofer zu sein, seine Jahre in der Justizanstalt Garsten und sein Leben heute. Das Gespräch fand am 2. 8. 2013 statt.

AUTOR: Herr B., was hat sich am 5. November 1980 abgespielt?

HERR B.: *Ich habe versucht, die Heidi anzurufen, aber sie hat am Festnetztelefon nicht abgehoben. Eigentlich wollte ich mit ihr ins Mozartkino gehen. Das wäre möglich gewesen, weil sie* *die Ingrid (Tschreschnig, Anm. des Autors) sowieso um 18 Uhr abgelöst hätte. Da die Heidi nicht abgehoben hat, bin ich hin in die Linzergasse. Ich wusste ja nicht, ob sie vielleicht einen Freier bedient. Also bin ich hinaufgeschlichen zur Wohnung, habe leise geöffnet. Zuerst ein Blick ins Wohnzimmer, da war nichts. Dann habe ich ins Schlafzimmer geschaut. Sie lag auf dem Bett, ein Kabel um den Hals, die Beine hingen über die Bettkante. „Heidi, Heidi", habe ich gesagt, aber gleich gemerkt, dass sie tot ist. Ich habe sie nicht berührt, sondern sofort meine Frau angerufen, dass sie kommen soll. Wenig später sind meine Frau und die Ingrid gekommen. Ich hatte in der Zwischenzeit den Polizeinotruf gewählt.*

AUTOR: Und dann ist Ihnen der verhängnisvolle Fehler passiert.

HERR B.: *Ja, ich hatte Angst, die Polizei würde mir nicht glauben. Drum haben wir uns ausgemacht, zu sagen, dass wir gemeinsam mit dem Taxi gekommen sind. Das war einfach ein Blödsinn, aber ich hatte einfach Angst, dass mir die Polizei nicht glauben würde.*

AUTOR: Wie ging es dann weiter?

HERR B.: *Die Polizei hat uns alle zur Vernehmung mitgenommen, die Edith, meine damals vierjährige Tochter Melanie, die Tschreschnig Ingrid und mich. Jede in einen anderen Raum. Ursprünglich hat die Polizei zu mir gesagt, es würde nur eine kurze Vernehmung mit Protokoll sein. Aus der kurzen Vernehmung wurden dann 17 Jahre.*

AUTOR: Was ist in der Untersuchungshaft in Ihnen vorgegangen?

HERR B.: *Ich war eigentlich ruhig und gefasst, weil ich an sich ein gutes Gefühl hatte. Einen Unschuldigen kann man nicht wegen Mordes verurteilen, habe ich mir gedacht. Das Gericht hatte ja überhaupt keine Beweise. Und nur, weil ich ein Zuhälter war,* *einige Male vorbestraft wegen Körperverletzung, bin ich noch lange kein Mörder. Aber offensichtlich habe ich als Täter gerade gepasst. Ich erinnere mich auch noch, dass man mir vor dem Prozess ein Angebot machte: Bei einem Geständnis würde der Untersuchungsrichter mit dem Staatsanwalt reden, um mich statt wegen Mordes wegen Körperverletzung mit tödlichem Ausgang zu verurteilen. Ich sagte, das kann ich nicht machen, weil ich unschuldig bin. Dann haben sie mich wegen Mordes verurteilt.*

AUTOR: Und dann kam der Aschermittwoch (Tag der Verurteilung im Häfenjargon, Anm.). Wie haben Sie den erlebt?

HERR B.: *Eigentlich habe ich das gar nicht richtig mitbekommen, als der Richter und der Sprecher der Geschworenen bei der Tür herausgekommen sind. Ich kann mich auch an die Begründung nicht mehr erinnern. Irgendetwas habe ich nach der Urteilsverkündung noch gesagt, weiß aber nicht mehr, was das war. Jedenfalls habe ich in den nächsten Tagen nur gedacht, dass das nur ein Irrtum sein kann, weil ich es nicht war.*

AUTOR: Nochmals präzisiert: Sie sind also nicht der Mörder der Heidi Mayrhofer.

HERR B.: *Bei meiner Mutter, bei meinem Augenlicht oder bei meiner Familie schwöre ich: Ich bin nicht der Mörder der Heidi!*

AUTOR: Nehmen wir an, Sie waren es nicht: Wer könnte der Mörder der Heidi sein?

HERR B.: *Darüber habe ich auch viel nachgedacht. Für mich gibt es drei Möglichkeiten: Es könnte jemand aus dem Rotlichtmilieu gewesen sein, aus welchen Gründen auch immer. Aber da habe ich überhaupt keine Vermutung. Die zweite Möglichkeit wäre jemand aus der Suchtgiftszene. Heidi hat ja Drogenprobleme gehabt und sicher auch Schulden in dieser Szene. Und schließlich könnte es auch ein Freier gewesen sein.*

AUTOR: Es gibt zwei Männer, die in Zusammenhang mit dem Tod von Heidi zumindest verdächtig sein könnten: Ein holländischer Fernfahrer, der 1980 in Salzburg eine Kochlehre absolvierte und dessen Fingerabdrücke auf einer Schatulle am Arbeitsplatz der Heidi gefunden wurden. Weiters ein Mann, den die Zeugin Tschreschnig mit der Heidi gesehen hat. Im Buch nenne ich ihn Herrn X.

HERR B.: *Der Holländer sagt mir gar nichts. Der andere ist der Exfreund der Heidi und war damals meiner Erinnerung nach der Vermieter der Wohnung. Sie hat mir erzählt, dass er ihr einmal angeboten hat, die Monatsmiete könnte einmal wegfallen, wenn sie sich von ihm poppen lassen würde. Offensichtlich war er scharf auf sie, Heidi hat das aber abgelehnt. Und ich habe ihm ganz deutlich gesagt, dass er solche Angebote unterlassen soll.*

AUTOR: Ingrid Tschreschnig ist 1987 verschwunden. Glauben Sie, dass es hier einen Zusammenhang mit ihrer seinerzeitigen Zeugenaussage geben könnte?

HERR B.: *Kurz nachdem ich verurteilt war, ist die Ingrid wieder nach Graz gegangen. Seit dieser Zeit habe ich nichts mehr von ihr oder über sie gehört. Ich will auch keine Vermutungen gegen irgendwelche Personen anstellen, die Heidi getötet haben könnten. Mir tut es nur für ihren Sohn leid, dass der wirkliche Mörder seiner Mutter nicht gefasst wurde.*

AUTOR: Was würde Ihnen zu Ihren Häfenjahren rückblickend in einem Schnelldurchlauf spontan einfallen?

HERR B.: *Naja, schon der Transport im Zeiserlwagen (Transportfahrzeug der Justizwache, Anm. des Autors) ist sehr eigenartig. Man stellt sich so viele Fragen. Was passiert jetzt? Wie verhalte ich mich? Was kommt psychisch auf mich zu durch das Eingesperrtsein? Es beginnt mit ungefähr zwei Wochen Einzelhaft. Da wird man getestet, fast so wie bei einer Musterung. Ich habe mir* *dann eine Vier-Mann-Zelle gewünscht, weil ich das Alleinsein nicht aushalte. Und Angst kenne ich ohnehin nicht. Meine Häftlingsnummer weiß ich auch noch: 2566. Gearbeitet habe ich in der Schneiderei, und insgesamt habe ich mich ganz gut verhalten, so dass mir gute Führung bescheinigt wurde.*

AUTOR: Wie kamen Sie mit der Häfenhierarchie zurecht?

HERR B.: *Gut, ich habe mich weder zu weit auf die Seite der Häftlinge noch auf die Seite der Justiz gestellt. So fährt man am besten. Die Hierarchie im Häfen ist nur für jene unangenehm, die ganz unten angesiedelt sind. Das sind Kinderficker und Vergewaltiger von Frauen.*

AUTOR: Hatten Sie jemals Gedanken an Selbstmord oder Ausbruch?

HERR B.: *Selbstmord? Nein, ich habe immer geglaubt, es ist nur eine Frage der Zeit, bis man den wirklichen Mörder findet und ich raus komme. Und Ausbruch? Wo hätte ich denn hin sollen? Und immer auf der Flucht sein wie etwa der Tibor Foco? Nein danke.*

AUTOR: Wie sehr haben eigentlich ihre sozialen Kontakte nach außen durch die 17 Jahre Haft gelitten?

HERR B.: *Anfangs hatte ich noch Besuch, aber nach zwei, drei Jahren ist das immer weniger geworden und hat dann fast aufgehört. Meine Frau hat sich scheiden lassen, und auch von anderen Freunden blieb kaum mehr jemand übrig. Aber es gibt auch treue Freunde. Ich habe einen, der hat mir immer zu Weihnachten und zum Geburtstag ein Packerl geschickt und das all die Jahre durchgezogen.*

AUTOR: Was war für Sie das schlimmste Erlebnis während der Haft?

HERR B.: *(stockt, Tränen laufen über sein Gesicht): Der Tod meiner Tochter Melanie. Sie war vier Jahre alt, als sie mich für etwas eingesperrt haben, was ich nicht getan habe. Während meiner Haft hatte sie als Führerscheinneuling einen tödlichen Verkehrsunfall. Ich durfte zwar zum Begräbnis gehen, begleitet von Justizwachebeamten in Zivil. Aber der Schmerz über den Verlust und auch über die verlorene Zeit waren gerade in dieser Situation unvorstellbar groß.*

AUTOR: Trotzdem haben Sie die Jahre im Gefängnis offensichtlich gut überstanden, psychisch und physisch.

HERR B.: *Ja. Psychisch, weil ich ja immer geglaubt habe, es kann sich nur um eine kurze Zeit handeln, bis der wahre Mörder gefunden wird. Und physisch, weil ich viel Sport betrieben habe und kaum Alkohol getrunken oder Drogen genommen habe. Nur zu rauchen habe ich nach dem Tod von Melanie wieder begonnen.*

AUTOR: Fühlen Sie Hass gegen den wirklichen Mörder?

HERR B.: *Nicht so stark, wie meine Gefühle gegenüber der Justiz sind.*

AUTOR: Sie haben – was bewundernswert ist – die Rückkehr in die Gesellschaft geschafft, haben eine Arbeit und eine neue Familie. Hilft das über das Vergangene hinweg?

HERR B.: *(wieder mit Tränen in den Augen): Ja, ich bin stolz auf meine Familie. Meine Frau hält zu mir, und ihr und meiner Tochter schenke ich viel Zeit und Liebe. Ich möchte jetzt geben, was ich meiner Tochter Melanie nicht geben konnte. Ich bin jetzt 62 Jahre alt, 17 Jahre meines Lebens wurden mir genommen. Vielleicht habe ich noch zehn oder 15 Jahren Lebenserwartung. Die möchte ich jetzt intensiv für meine Familie nutzen. Und auf eine Rehabilitierung hoffe ich auch noch. Vor allem für meine Familie.*

Offiziell geklärt und doch mysteriös.

Kein Fernsehkrimi, kein Kinofilm könnte mehr bieten. Eine Prostituierte wird ermordet, ihr Zuhälter geht für 17 Jahre in den Knast. Er beteuert bis heute seine Unschuld. Eine Zeugin, ebenfalls Prostituierte, verschwindet Jahre später spurlos. Ein Zusammenhang lässt sich nicht herstellen. Und dann kommt auch noch Pech dazu. Die Bluse der Ermordeten wird später vom Sohn vernichtet. Auf ihr hätten sich Spuren befinden können, die mit moderner Kriminaltechnik mit Sicherheit wesentliche Erkenntnisse erbracht hätten. Auch das Elektrokabel ist nicht mehr auffindbar. Laut Gerichtsakt wurde es an Manfred B. ausgefolgt. Der verneint das zu Recht. Die Gefängnisse, in denen er gesessen ist, haben verneint, dass es jemals eingelangt wäre. Wie hätte er es auch im Häfen bekommen sollen? Ob Manfred B. tatsächlich der Mörder von Heidi Mayrhofer ist, wage ich aufgrund der neuen Faktenlage und nach einem persönlichen Gespräch mit B. sehr zu bezweifeln.

Unbestreitbar sind folgende Fakten:
- Neben Manfred B. gibt es zwei weitere Personen, die für den Mord an Heidi Mayrhofer in Frage kommen könnten.
- Beide haben – im Gegensatz zur Ermordeten und zu Manfred B. – jene Blutgruppe Null, die auf der Bluse von Heidi Mayrhofer gefunden wurde.
- Alle Beweismittel, die zu einer Entlastung von Manfred B. führen könnten, sind vernichtet bzw. verschwunden.

Dass die Justiz jetzt so tut, als wäre in diesem Fall alles in Ordnung, ist juristisch und journalistisch hinterfragenswürdig. An diesem offiziell als geklärt zu betrachtenden Mordfall bleiben für mich und andere starke Zweifel an der Schuldfrage haften, die das Vertrauen in den Rechtsstaat nicht gerade fördern. Aber damit muss die Salzburger Justiz leben.

Seltsamer Tod am Wirersteig.

Der folgende Fall wirft mehrere Fragen auf. Eine davon: Hat eine Familie nicht das Recht zu erfahren, wie ihr Kind zu Tode gekommen ist? Unterstützt wird die Familie durch den Opferanwalt und Salzburger Landesleiter des „Weißen Ringes", Stefan Rieder. Dieser sagt: „Ich will für die Familie Klarheit und Wahrheit."

Ein talentierter junger Mann.

Mathias Hinterberger (17) lebt in St. Wolfgang und ist ein guter Schüler. Er besucht die HTL, treibt in seiner Freizeit gern Sport. Mathias liebt die Mathematik. „Er hat immer alles berechnet, und das mit Freude", sagt seine Schwester Sabine. Angeblich träumt Mathias auch davon, später einmal einen Doktortitel in Mathematik zu erwerben. Da heißt es viel zu lernen, was er auch tut. Und er gibt Nachhilfe. Für eine Freundin bleibt da keine Zeit.

Gern geht er joggen, hat eine Lieblingsrunde, die er manchmal auch noch am späteren Abend absolviert. Mit dabei hat er immer seinen Walkman. Den muss er in der Hand tragen. Damals gibt es noch nicht die kleinen Geräte wie heute, die man auch in der kleinsten Tasche von Jacke oder Hose mitführen kann. Auch am 4.6.1999 geht Mathias noch spätabends zum Joggen aus dem Elternhaus. Diesmal kehrt er nicht zurück.

Mathias Hinterberger.

Foto: Privat

Am nächsten Tag findet ein Wanderer oberhalb des Wirersteigs (er verbindet die Ortschaft Schwarzenbach mit dem Schwarzensee im Gemeindegebiet von St. Wolfgang) unterhalb einer 150 Meter hohen Felswand (die vom Hohen Lugberg abfällt) die Leiche des Mathias Hinterberger, die im Wurzelstock einer umgefallenen Buche liegt und wenig später von der Bergrettungsdienststelle St. Wolfgang geborgen wird. Laut Bericht vom 14.6.1999 des Gendarmeriepostens St. Wolfgang an die Staatsanwaltschaft Wels lagen in der Nähe der Leiche Teile eines Walkman und zwei Kassetten. Zwischen dem Toten und dem Wandfuß waren eine – wie im Gendarmeriebericht anschaulich formuliert – „Einschlagstelle und Blutspuren“ zu sehen.

Bei diesem Wurzelstock wird die Leiche von Mathias Hinterberger von einem Wanderer gefunden.

Liegt so jemand, der über eine Felswand gestürzt ist?

Fotos: Quelle unbekannt

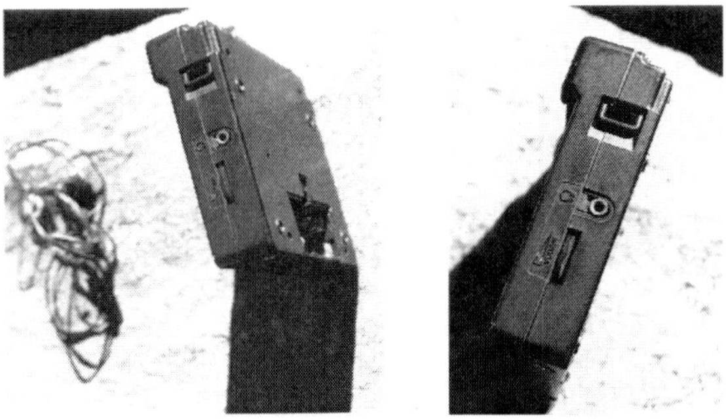

Der Walkman von Mathias ist nach dem angeblichen Sturz beinahe unzerstört geblieben. Fotos: Privat

Abgesehen davon, dass ein weicher menschlicher Körper auf hartem Untergrund physikalisch gesehen keine Einschlagstelle verursachen kann, wurde auch nicht verifiziert, ob der Körper tatsächlich 150 Meter tief gefallen ist. Dann wären nämlich multiple Knochenbrüche die Folge gewesen. Um solche exakt festzustellen, hätte es allerdings einer Obduktion bedurft, die nicht angeordnet wurde. Der damalige Gemeindearzt von St. Wolfgang nimmt in der Leichenhalle die Totenbeschau vor und stellt unter anderem einen offenen Schädelbruch als Todesursache fest. Abschließend heißt es in dem Bericht an die Staatsanwalt Wels: „Es war kein Hinweis auf ev. Fremdverschulden festzustellen."

Von seinem Wohnort in Graben 11 (siehe Pfeil) brach Matthias regelmäßig zum Joggen auf. Foto: Google Earth

Angehörige sehen Mord als mögliche Variante.

Ein Bergunfall, so haben die St. Wolfganger Gendarmen das eingeschätzt. Nicht aber die Angehörigen, die vermuten, es könnte jemand „nachgeholfen" haben, um Mathias ins Jenseits zu befördern. Dazu lesen Sie weiter unten auch ein Interview, das ich mit einer Schwester des Verstorbenen, Sabine Hinterberger, geführt habe.
Stefan Rieder, der Anwalt der Schwester des Toten, will so weit nicht gehen. Er fordert „Klarheit und Wahrheit", doch mit seinen Anträgen stößt er nicht gerade auf Gegenliebe bei der Staatsanwaltschaft Wels.

Doch der Reihe nach. Mit Schreiben vom 29. 2. 2012 stellt er einen Antrag zur Exhumierung der Leiche und nachträglicher Obduktion durch die Gerichtsmedizin. Ein festgestellter offener Schädelbruch könne bei einem Sturz über 150 Meter nicht die einzige Verletzung sein. Sollte Mathias Hinterberger tatsächlich „gefallen" sein, müssten multiple Knochenbrüche feststellbar sein. Die Staatsanwaltschaft Wels sieht das gänzlich anders. In dem Antwortschreiben aus Wels heißt es u.a.: „Weiters war von der beantragten Exhumierung sowie Obduktion Abstand zu nehmen, weil eine Exhumierung nur dann zulässig ist, wenn eine Obduktion nach der Beerdigung zur Aufklärung einer Straftat erforderlich ist, was hier nicht zutrifft, weil – wie bereits erwähnt – kein Anhaltspunkt für ein gerichtlich strafbares Verhalten besteht bzw. bestand."

Im Juni 2012 stellt Rieder einen Antrag auf Fortführung des eingestellten Verfahrens. Er argumentiert, dass es weder einen Ansatz für einen Unfall noch für einen Suizid gebe. Viel mehr sei aber das Waldgebiet, das sich an die von Mathias Hinterberger als Laufstrecke benutzte Forststraße anschließt, völlig weglos. Daher sei es unerklärlich, weshalb er nicht umkehrte. Rutsch- oder ähnliche Spuren seien nicht gesichtet worden. War er also gar nicht in diesem Dickicht, von wo er 150 Meter

abgestürzt sein soll? Und wieder argumentiert Rieder mit der notwendigen Exhumierung und Obduktion der Leiche.
Und in einem weiteren Schreiben an das Landesgericht Wels argumentiert der Anwalt mit einem Fax, das bereits 2002 von der Gendarmerie St. Wolfgang an die StA Wels ergangen war. Darin heißt es in Zusammenhang mit einer telefonischen Befragung des seinerzeitigen Sachbearbeiters wörtlich: „Hinweise auf Selbsttötung (Abschiedsbrief oder diesbezügliche Äußerungen) waren nicht gegeben; Anzeichen von Fremdverschulden konnten nicht ermittelt werden und wurden zum Zeitpunkt der Erhebungen auch nicht behauptet. Hypothetisch gesehen ist jedoch auch eine Fremdeinwirkung nicht auszuschließen."

Der Wirersteig im Gemeindegebiet von St. Wolfgang gilt als beliebtes Wandergebiet. Fotos: Privat

Doch das Landesgericht Wels lehnt die Anträge von Vater und Schwester des toten Matthias zur Fortführung des Ermittlungsverfahrens durch die Staatsanwaltschaft Wels ab. Anwalt Rieder versucht es nun mit einer „Anregung auf amtswegige Fortführung des Verfahrens". Dafür bringt er vor, dass ein Gutachter den Walkman, den der Tote beim Laufen immer mit sich trug, auf Schäden untersuchen sollte, die von einem Fall aus 150 Metern Höhe stammen könnten. Es scheint, als würde Rieder auch weiterhin keinen Erfolg haben. Dann aber lässt ein Schreiben des Bundesministeriums für Justiz vom 21.2.2013 hoffen. Man habe bei der Staatsanwaltschaft Wels angeregt, bei der seinerzeitigen Auffindung der Leiche anwe-

sende Personen hinsichtlich der Umstände bei der Auffindung bzw. der Art der Verletzungen des Verstorbenen als Zeugen zu befragen.
Man darf gespannt sein, ob diese Befragungen eine neue Spur ergeben. Mittlerweile muss man sagen, dass das nicht der Fall war.

Warum gibt sich die Familie Hinterberger nicht mit den Entscheidungen der Justiz zufrieden? Warum glaubt sie noch immer, dass Mathias einem Verbrechen zum Opfer gefallen ist? Darüber habe ich mit Sabine Hinterberger, einer Schwester von Mathias, gesprochen. Das Gespräch fand am 15. 7. 2013 in Mondsee statt und ist autorisiert.

Interview:

„Nie im Leben hätte Mathias uns das angetan?"

AUTOR: Frau Hinterberger, darf ich Sie zunächst fragen, wie es Ihnen geht?

HINTERBERGER: *Danke der Nachfrage, es geht. Gute und schlechte Phasen wechseln einander ab. Mathias war acht Jahre jünger als ich, und die anderen beiden Schwestern waren schon ausgezogen. So haben wir viel geredet, praktisch jeden Tag. Und wenn ich ehrlich bin, muss ich sagen, dass er mir von Tag zu Tag mehr fehlt.*

Sabine Hinterberger glaubt nicht an einen Unfall ihres Bruders Mathias. Foto: Blaichinger

AUTOR: Der Tod Ihres Bruders bewegt Sie sehr. Das ist verständlich. Warum glauben Sie, dass Ihr Bruder getötet wurde?

HINTERBERGER: *Es hat überhaupt keine Anzeichen gegeben, dass er an Selbstmord denken würde. Nie im Leben hätte Mathias uns das angetan. Wir haben am Tag seines Todes noch ganz normal geredet. Am Abend hat er gelernt und ist um 22 Uhr jog-*

gen gegangen wie jeden Tag. Ich kann mich noch erinnern, dass es eine stockdunkle Nacht war, aber er kannte den Weg ja in- und auswendig. Und er ist immer die gleiche Strecke gelaufen. Auf dem Forstweg hinauf bis dorthin, wo das unwegsame Gelände und dann die Steilwand kommt. Da hat er immer umgedreht. Wie gesagt, Suizid war kein Thema, und ein Unfall ist auszuschließen, weil das unwegsame Gelände vor der Steilwand zum Laufen absolut ungeeignet ist.

AUTOR: War es üblich, dass Mathias noch so spät am Abend joggen ging? Es war ja schon 22 Uhr!

HINTERBERGER: *Ja, das war üblich. Er konnte ja nur abends. Manchmal ist er um 20 Uhr, dann einmal eine Stunde später, manchmal auch erst um 22 Uhr laufen gegangen.*

AUTOR: Hatte er also keine bestimmten Zeiten, zu denen er die Laufschuhe angezogen hat?

HINTERBERGER: *Nicht in dem Sinn, dass er jeden Tag pünktlich um dieselbe Stunde aufgebrochen wäre. Die Regelmäßigkeit bestand im täglichen Joggen.*

AUTOR: Haben Sie einen konkreten Verdacht auf einen Täter, auch wenn Sie ihn jetzt nicht nennen können?

HINTERBERGER: *Ich habe einen Verdacht gegen drei Täter, wobei ich mir bei einem nicht ganz sicher bin. Mathias ist erschlagen worden und nicht über die 150 Meter hohe Felswand gestürzt. Da bin ich ganz sicher. Dann wurde er wohl mit einem Geländefahrzeug zu der Stelle transportiert, wo man ihn gefunden hat. Der Mord erfolgte aus wirtschaftlichen Interessen, die sich gegen meine Familie richten. Mehr kann ich derzeit nicht sagen.*
Als wir Mathias aufgebahrt haben, hatte er eine Schädelverletzung und eine Abschürfung an den Armen. Das Gesicht war so, als wäre er friedlich eingeschlafen. Verletzungen, wie sie bei ei-

nem Sturz aus 150 Metern Höhe vorkommen würden, waren nicht vorhanden. Da bin ich mir sicher.

AUTOR: Würden Sie nach einer Exhumierung und Obduktion im Fall des Falles zur Kenntnis nehmen, dass es ein Unfall oder Suizid war? Oder würde bei Ihnen auf alle Fälle die These vom gewaltsamen Tod in Ihrem Herzen weiterleben?

HINTERBERGER: *Darüber habe ich mir noch keine Gedanken gemacht, weil er nicht von der Felswand gestürzt ist oder gestürzt wurde.*

SALZBURG
Mittwoch, 24. April 2013
Jogger (17) unter mysteriösen Umständen in St. Wolfgang 150 Meter abgestürzt
Angehörige wollen Klarheit
Nach 13 Jahren wird Todessturz neu untersucht
Explosion in Reifenfirma
Attentäter nach Jahren gefasst

Krone-Bericht vom 24. 4. 2013.

Recht auf Klarheit.

Ein Kind zu verlieren, gehört zu den schlimmsten Dingen, die einem im Leben widerfahren können. Hätte man seinerzeit erkannt, dass Todesfälle wie dieser heikel sind und immer Raum für Spekulationen eröffnen – wer kann schon mit Sicherheit sagen, ob jemand vom Turm gesprungen ist oder leicht geschubst wurde? – hätte man die Spurensicherung dreimal so sorgfältig vorgenommen wie üblich. Stattdessen bleiben Fragen offen, wenn man bei einem Fall eines menschlichen Körpers auf hartem und mit Steinen durchsetzten Boden „Einschlagspuren" protokolliert oder angibt, „hypothetisch" sei Fremdverschulden nicht auszuschließen. Was werden sich Angehörige da denken?

Aber das ist nicht das Problem. Selbst wenn die Justiz unausgesprochen der Meinung sein sollte, ein Nachgeben bei einer nachträglichen Obduktion und Exhumierung würde eine Kettenreaktion und damit eine Kostenlawine auslösen, geht es hier um ein Recht der Angehörigen. Das Recht auf Klarheit. Und diese zu schaffen ist ohne Exhumierung und Obduktion unmöglich.

Keine Insel der Seligen mehr. Mord im Auftrag?

Österreich ist keine Insel der Seligen mehr. In der Alpenrepublik kann so gut wie jedes Verbrechen geschehen. Dennoch hat Österreich eine Aufklärungsquote bei Kapitalverbrechen, die sich weltweit sehen lassen kann. Mehr als 90 Prozent etwa bei Mord. Mordermittlung gehört zum Schwierigsten, was es in der Kriminalität gibt. Überhaupt, wenn der Verdacht von Auftragsmord nahe liegt.

Tod durch zwei Messerstiche.

Es ist der 9. Mai 2011. Die 38-jährige Serbin Ljubica K. steht in der Stadt Salzburg vor dem ELMO-Kino nahe der Lehener Brücke. Gerade ist sie aus ihrem schon etwas älteren Mercedes ausgestiegen, als um 21.50 Uhr ein Mann versucht, ihr die Handtasche zu entreißen. So eine Zeugin. Die Serbin lässt nicht los, sie hat rund 1.600 Euro in der Tasche. Dieser Umstand müsste uns sofort zu denken geben. Die Polizei hat aber die Hintergründe des hohen Geldbetrages genau recherchiert und dafür nachvollziehbare Erklärungen gefunden. Der Mann sticht auf sie ein. Zweimal. Mit einer zwölf Zentimeter langen Klinge, die später am Tatort gefunden wird. Der Griff fehlt bis heute. Dann flieht der Täter. Ohne Beute. Ein Fahrrad, das

Ljubica K.: Ungelöste Fragen. Foto: Polizei

nahe dem Tatort gefunden wird, könnte – muss aber nicht – mit der Tat zu tun haben. Es ist ein Mord, bei dem die Ermittler bis heute nicht wirklich weitergekommen sind. Wo sich die Serbin in den Stunden vor der Tat aufgehalten hat, kann bis heute nur bruchstückhaft rekonstruiert werden. Ging man ursprünglich von Raubmord aus, so gibt es heute auch Gerüchte um einen Auftragsmord. Beweise dafür liegen allerdings keine vor.

Interview:

Die Polizei auf der Suche nach einer entscheidenden Antwort: „Wo verbrachte Ljubica K. die letzte halbe Stunde vor ihrem Tod?"

Über dieses äußerst rätselhafte Verbrechen habe ich am 14. Juni 2014 mit Chefinspektor Herbert Hanetseder vom Landeskriminalamt Salzburg das folgende Interview geführt:

Chefermittler Herbert Hanetseder: Bis heute offene Fragen.

Foto: privat

AUTOR: Herr Chefinspektor, wie ist der aktuelle Stand im Mord vor dem ELMO-Kino?

HANETSEDER: *Wir sind bei unseren Ermittlungen leider an einem Punkt angekommen, wo wir sagen müssen, mehr geht nicht, mehr können wir zur Zeit nicht mehr tun. Konkret heißt das,* *dass es uns bis heute nicht gelungen ist, dieses Verbrechen aufzuklären. Auch können wir nicht eindeutig sagen, ob das in der Nähe des Tatortes aufgefundene Herrenfahrrad etwas mit dem Mord zu tun hat.*

AUTOR: Was sind die größten Hürden bei der Klärung dieses Mordfalles?

HANETSEDER: *Eine große Hürde stellt leider das Fehlen von geeigneten Täterspuren dar. Zwar gibt es Spuren, doch hat sich anhand dieser bis dato kein Täter ermitteln lassen. Es hat zwar viele Hinweise aus der Bevölkerung gegeben, die zu zahlreichen Personenüberprüfungen geführt haben, leider aber nicht mit dem gewünschten Erfolg.*

AUTOR: Warum ist dieser Mord besonders rätselhaft?

HANETSEDER: *Der Mord an der 38-jährigen Serbin und das Motiv des Täters haben natürlich viele Fragen aufgeworfen, deren Beantwortung wir uns bei den Ermittlungen immer wieder gestellt haben. Leider bleibt einiges unbeantwortet. So zum Beispiel eine ganz wichtige Frage: Wo ist Ljubica K. hingegangen bzw. hingefahren, als sie am 09.05.2011 um 21:15 Uhr das „ELMO-Cafe" verlassen hat, und was hat sie in dieser Zeit gemacht?" Als sie gegen 21:45 Uhr wieder zurückkam, wurde sie kurz nach dem Verlassen ihres Autos vom Täter angegriffen und niedergestochen.*

AUTOR: Sind Ermittlungen im Migrantenmilieu u.a. deshalb schwieriger, weil da eventuell mehr geschwiegen wird?

HANETSEDER: *Das kann man grundsätzlich so nicht sagen. Es kann schon sein, dass Migranten oder Ausländer allgemein gewisse Vorbehalte gegenüber der Polizei haben und einen Landsmann deshalb nicht verraten würden. Im Mordfall Ljubica K. haben wir das aber nicht festgestellt.*

AUTOR: Wie sehen Sie jene Vermutungen, die auf einen Auftragsmord hindeuten? Was stützt diese These?

HANETSEDER: *Für mich als Chefermittler in diesem Fall sind das alles nur Gerüchte. Ich halte mich an die Fakten. Tatsache ist, dass es eine Tatzeugin gibt, die gesehen hat, wie Ljubica K. mit einem unbekannten Mann vor dem Elmo-Kino um ihre Handtasche kämpfte. Da sie damals über 1600.- EUR Bargeld bei sich hatte und nicht gewillt war, ihre Handtasche freiwillig herzugeben, stach der der Täter zu. Für uns ist die Tathandlung als ein versuchter Handtaschenraub mit anschließender Tötung des Opfers einzustufen. Für diese These sprechen in erster Linie die Schilderung der Zeugin und zum anderen auch die Örtlichkeit. Es ist polizeilich bekannt, dass im Umfeld des ELMO-Kinos immer wieder Drogendelikte passieren. Wir, die Ermittler in diesem Mordfall, neigen eher dazu zu sagen, dass der Täter möglicherweise aus dem Suchtgiftmilieu stammt und der versuchte Handtaschenraub ein klassisches Beispiel einer Beschaffungskriminalität war.*

Was gegen einen Auftragsmord spricht sind zum einen der Tatort und zum anderen die Tatwaffe. Welcher Auftragsmörder würde sein Opfer direkt vor dem Eingang eines Kinos bzw. eine Cafés niederstechen, wo doch die Gefahr des Erwischtwerdens ungemein größer ist als an einem dunklen Ort. Gerade in diesem Fall hätte es für einen Auftragsmörder viele andere Örtlichkeiten gegeben, um Ljubica K. zu töten. Auch bei der Tatwaffe, einem alten Küchenmesser, dessen Griffstück sich beim Zustechen von der Klinge löste, handelt es sich meiner Ansicht nach nicht um die klassische Waffe eines Auftragsmörders.

Die immer wieder aufgestellte Vermutung, dass sich ein verheirateter Freund von ihr mit dubiosen Leuten aus dem kriminellen Milieu umgeben und möglicherweise einen Mordauftrag erteilt haben könnte, bestätigte sich ebenfalls nicht.

AUTOR: Was unterscheidet eigentlich Auftragsmorde von anderen Morden?

HANETSEDER: *Bei einem Auftragsmord gibt es zumindest zwei Personen. Den, der den Mord in Auftrag gibt, und den, der ihn ausführt. Es können aber auch mehrere Leute, Organisationen, mafiöse Strukturen und sogar Staaten dahinter stehen. Das Motiv bei einem Auftragsmord ist sehr vielfältig. Das können private, wirtschaftliche, politische oder andere Gründe sein. Meist wird der ausführende Täter finanziell entlohnt.*

Was die Tötung der Ljubica K. betrifft, so tappen die Kriminalisten also im Dunklen. Und das, obwohl die Beamten den Täter intensiv gesucht haben. Auch die Salzburger Drogenszene wurde in diesem Zusammenhang genau unter die Lupe genommen. Ohne Erfolg. Ähnlich geht es der Polizei beim folgenden Fall.

Hinrichtung in Hof bei Salzburg.

Hinweis: Zum nachfolgenden Ermittlungsakt (Tomislav Jovanovic) wurden vom Landeskriminalamt Salzburg, Ermittlungsbereich 1, keine Auskünfte und auch kein Interview gegeben. Es wurde auf die Staatsanwaltschaft Salzburg verwiesen, die vom Autor auch kontaktiert wurde.

Tomislav Jovanovic (41) ist Autohändler. Der Mann stammt aus Bosnien, lebt seit seiner Scheidung allein. Bei seinen Kunden genießt er den Ruf eines seriösen Kaufmanns. Seine Spur verliert sich am 17. August 2007. Die Nichte gibt wenig später eine Vermisstenanzeige auf. Noch im selben Monat finden Spaziergänger etwa 20 Meter unterhalb der Wolfgangsee-Bundesstraße bei Hof in einem kleinen Wäldchen, genannt „Höfner Höhe", eine menschliche Leiche. Sie ist mit Zweigen und Ästen bedeckt. Tatortspezialisten stellen fest, dass das Opfer per Genickschuss praktisch hingerichtet wurde. Ein DNA-Abgleich führt zur Identifizierung des Mordopfers. Es ist der vermisste Tomislav Jovanovic.

Am Fundort der Leiche (ob es auch der Tatort ist, kann man bis heute nicht mit letzter Sicherheit sagen) wird das Handy von Jovanovic gefunden, ansonsten ist die Spurenlage dürftig. Nicht einmal Geschoßhülsen werden gefunden, was auf einen Profi als Täter hindeutet. Mit Geschoßteilchen aus dem Körper des Ermordeten kann das Kaliber der verwendeten Waffe festgestellt werden. Es ist das bei Faustfeuerwaffen durchaus gängige Kaliber 7,65.
Es folgen intensive Ermittlungen im persönlichen und geschäftlichen Umfeld von Jovanovic, und dabei stoßen die Beamten auf eine Person, die am Tag des Verschwindens Streit mit Jovanovic gehabt haben soll. Zu einem Verfahren kommt es nicht.

Brisanter ist hingegen ein Fax, das im Februar 2010 im Bundeskriminalamt in Wien einlangt. Es liefert Informationen zum Mord in Hof, die von einem in anderer Angelegenheit am Balkan verhafteten Mann stammen. Seinen Angaben zufolge habe Jovanovic als Mittelsmann für einen Auftraggeber aus seiner Heimat Falschgeld in Europa verbreitet. Dann habe es einen Streit um 120.000 Euro gegeben, und der Auftraggeber habe zwei Exekutoren bzw. Profi-Killer geschickt, um das Problem zu „beseitigen".
Einer dieser angeblichen Killer lebt in Wien und saß im Zuge der Ermittlungen bereits in Salzburg in U-Haft, ist mittlerweile aber aus Mangel an Beweisen wieder auf freiem Fuß.
Rechtsanwalt Stefan Rieder, der den Bruder des Ermordeten vertritt, wundert sich über das Verhalten der Salzburger Justiz in dieser Causa. „Es gibt einige Hinweise, die aber für die Behörden bislang offenkundig zu wenig handfest waren", lässt er 2012 in einem Interview mit der Kronen Zeitung wissen.
Also versuche ich herauszufinden, was es mit dem Zeugen aus Serbien und jenem Mann auf sich hat, der zumindest tatverdächtig gewesen sein soll.

Interview:
„Mafia-Mord? Das lässt sich aus heutiger Sicht nicht seriös beantworten.“

Staatsanwältin Feichtinger sieht ein „professionelles Vorgehen der Täter“. Foto: Blaichinger

Da sich die Staatsanwaltschaft Salzburg entsprechend dem neuesten Medienerlass in diesem Fall alle Auskünfte gegenüber Journalisten vorbehalten hat und sowohl der eigentliche Sprecher der Staatsanwaltschaft, Marcus Neher, als auch sein Stellvertreter, Hofrat Karl Fürlinger, in diese Causa ermittelnd eingebunden waren bzw. sind, frage ich die Erste Vertreterin der Leiterin der Staatsanwaltschaft Salzburg und frühere Pressesprecherin, Erste Staatsanwältin Barbara Feichtinger, nach dem neuesten Stand der Ermittlungen und danach, ob es sich tatsächlich um einen Auftragsmord handeln könnte. Das autorisierte Interview mit Barbara Feichtinger führte der Autor am 5.7.2013 in der Staatsanwaltschaft Salzburg.

AUTOR: Frau Doktor Feichtinger, was macht die Klärung des Mordfalls an Tomislav Jovanovic so schwierig? Und wie ist der aktuelle Stand?

FEICHTINGER: *Es gab keine unmittelbaren Tatzeugen und keine brauchbaren Spuren. Die Leiche des Ermordeten wurde zwar etwa eine Woche nach seinem Verschwinden in einem Waldstück in der Nähe des Fuschlsees gefunden, jedoch ließ sich mangels Spuren nicht klären, ob der Fundort der Leiche auch der Tatort war.*

AUTOR: Rechtsanwalt Rieder kritisiert zum Beispiel, dass ein Zeuge aus der Balkanregion bis heute nicht vernommen wurde. Immerhin stammt von diesem Zeugen die Aussage, es handle sich um einen Auftragsmord.

FEICHTINGER: *Dass der bisherige Zeuge nicht einvernommen worden ist, entspricht nicht den Tatsachen. Dieser wurde im Mai 2010 durch die serbische Polizei und im Februar 2011 durch einen serbischen Untersuchungsrichter aufgrund eines Rechtshilfeersuchens der Staatsanwaltschaft Salzburg als Zeuge zu seinen Wahrnehmungen in diesem Mordfall befragt. Allerdings wurden durch die serbischen Behörden über diese Vernehmungen keine Protokolle, sondern jeweils Amtsvermerke angelegt. Um Widersprüche in den zitierten Aussagen des Zeugen abzuklären, wurde ein Ersuchen um dessen Vernehmung im Rechtshilfeweg mit der Möglichkeit einer Beteiligung des bei der Staatsanwaltschaft Salzburg zuständigen Staatsanwalts und zweier Ermittler des Landeskriminalamts Salzburg beantragt.*

Nachdem dieses Ersuchen unbeantwortet blieb, nahmen die Ermittler des LKA und der zuständige Staatsanwalt – unterstützt durch einen Dolmetscher – telefonischen Kontakt mit dem besagten Zeugen auf, um die Möglichkeit einer Vernehmung in Österreich zu besprechen. Trotz seiner mehrmaligen Zusicherungen und Versprechen hielt der besagte Zeuge, dem die Geheimhaltung seiner persönlichen Daten, aber auch die Übernahme seiner Reise- und Aufenthaltskosten garantiert worden war, die Termine im September 2011 und Jänner 2012 nicht ein. Der Zeuge war nach dem letzten vereinbarten Termin wochenlang für den zuständigen Staatsanwalt auch telefonisch nicht mehr erreichbar

und teilte schließlich im März 2012 mit, nicht nach Österreich zu einer Vernehmung anreisen zu wollen.
Daraufhin wurden die noch aufrechten und bis dahin unbeantwortet gebliebenen Rechtshilfeersuchen im Wege des Justizministeriums bei den serbischen Strafverfolgungsbehörden in Erinnerung gerufen. Im April 2013 langte ein Protokoll über die Vernehmung des Zeugen ein, in dem er seine Bereitschaft, im Verfahren als Zeuge zur Verfügung zu stehen, widerrief. Im Protokoll über die Vernehmung wurde durch den Untersuchungsrichter festgehalten, dass nach serbischem Recht niemand zu einer Zeugenaussage verpflichtet sei.

AUTOR: Gehen Sie – wer immer auch der Täter war – von mafiösen Strukturen in diesem Fall aus? Und war Jovanovic in diese Strukturen verwickelt, etwa als Falschgeldvertreiber?

FEICHTINGER: *Beide Fragen lassen sich nicht seriös beantworten. Die Modalitäten um die Ermordung sprechen allerdings für ein professionelles Vorgehen der Täter, die zumindest zu zweit agiert und Tomislav Jovanovic in eine Falle gelockt haben. Im Zuge der Ermittlungen wurden auch immer Gerüchte über die unterschiedlichsten Geschäfte, in welche Tomislav Jovanovic verwickelt gewesen sein soll, bekannt. Dazu gab es auch Hinweise aus Deutschland. Der Wahrheitsgehalt dieser Gerüchte ließ sich jedoch nicht verifizieren.*

AUTOR: Es gibt auch noch einen anderen Verdächtigen. Der hatte mit Jovanovic Streit, und sein Handy war am selben Tat in der Nähe des Fundortes der Leiche eingeloggt. Sind das nicht ausreichende Verdachtsmomente?

FEICHTINGER: *Es ist nicht richtig, dass das Mobiltelefon eines ehemals der Tat Verdächtigen in der Nähe des Tat- bzw. Fundorts der Leiche geortet werden konnte. Vermutlich ist Tomislav Jovanovic in der Nacht von 17. auf 18. 8. 2007 ermordet worden, auch wenn es einen Zeugen gibt, der ihn noch zwei Tage*

später gesehen haben will. Eine gewisse Unsicherheit bleibt mit Blick auf diese Aussage dennoch. Es gibt jedoch unterschiedliche Ermittlungsergebnisse, die dafür sprechen, dass sich diese Person bei ihrer Beobachtung geirrt haben könnte. Das Mobiltelefon des ehemals Tatverdächtigen wurde am Abend des 17.8. bei Salzburg-Nord zuletzt geortet, bevor es ausgestellt wurde, um erst in den frühen Morgenstunden des 18.8. wieder im Stadtgebiet von Salzburg in Betrieb genommen zu werden. Anhand der Rufdaten ließ sich eine Nähe zum Fundort der Leiche nicht herstellen.
Es ist wohl zutreffend, dass es zwischen diesem ehemaligen Tatverdächtigen und Tomislav Jovanovic Streit gab. Allerdings ist aufgrund mehrerer Zeugenberichte einerseits bekannt, dass das Opfer gegen diesen Tatverdächtigen gerichtliche Schritte unternehmen wollte und ihm diese auch unverhohlen angedroht hatte. Vor ihm hatte Tomislav Jovanovic offenbar keine Angst. Andererseits wird von Angstzuständen des Opfers kurz vor seinem Verschwinden, das wohl schon von düsteren Vorahnungen geprägt war, berichtet. Die bereits angesprochene professionelle Vorgangsweise mehrerer Täter, deren Auftrag das Opfer wohl bereits vorausgeahnt hatte, spricht gegen eine Ermordung durch jenen gerichtlich unbescholtenen Mechaniker, mit welchem Tomislav Jovanovic kurz vor seinem Verschwinden Streit hatte.
Die Einschätzung der Staatsanwaltschaft zur Beweislage wurde durch das Oberlandesgericht Linz bei Entscheidung über einen Antrag der Verwandten des Opfers auf Fortführung des seinerzeit gegen diesen konkreten Tatverdächtigen eingestellten Verfahrens geteilt.

AUTOR: Warum hat sich die Staatsanwaltschaft in diesem Fall jegliche Auskünfte an Journalisten vorbehalten? Gibt es eine heiße Spur?

FEICHTINGER: *Nach dem zurzeit geltenden Medienerlass ist die Staatsanwaltschaft für die Medien- und Öffentlichkeitsarbeit zuständig, sobald durch die Polizei erstmals an die Staatsanwaltschaft berichtet worden ist. Zum aktuellen Stand des anhängigen Ermittlungsverfahrens werden darüber hinaus keine Auskünfte erteilt.*

Die Mafia lässt grüßen.

Es sind zwei Mordfälle, von denen ich den einen (Ljubica K.) in der Nähe eines Auftragsmordes rücke und den anderen als Auftragsmord (Tomislav Jovanovic) einschätze. Natürlich hat Chefinspektor Herbert Hanetseder Recht, wenn er vermutet, es könnte sich um einen Raubmord eines Täters aus dem Suchtgiftmilieu gehandelt haben. Die Frau wurde ja überfallen. Was mich nachdenklich macht, ist, dass es nicht gelungen ist, die letzten 30 Minuten der Ljubica K. zu rekonstruieren. Der Mord hat sich wie ein Lauffeuer herumgesprochen, praktisch alle regionalen Medien haben (wiederholt) berichtet. Warum melden sich nicht die Leute, mit denen Ljubica K. kurz vor ihrem Tod beisammen war? Weil sie ihre Ruhe vor der Polizei haben wollen? Nicht kooperieren wollen? Oder weil sie etwas zu verbergen haben? Vielleicht ist erst in diesen letzten 30 Minuten der Auftrag ergangen, Ljubica K. aus dem Weg zu räumen. Dann wäre es jedenfalls kein Wunder, wenn man von Täterseite bis heute erfolgreich versucht, diesen wichtigen Ermittlungsansatz zu blockieren.

Noch ein paar Sätze zur Ermordung des Tomislav Jovanovic nahe Hof bei Salzburg: Für die Staatsanwaltschaft lässt sich meine Frage „nicht seriös" beantworten. Inoffiziell wissen es aber alle: Der Mord an Tomislav Jovanovic geht auf das Konto bezahlter Killer, hinter denen eine Mafia-Gruppierung steht. Das waren Profis, die keine Spuren hinterlassen, die zum Töten anreisen und wieder verschwinden. Jovanovic hatte Angst, gerüchteweise war er ja neben seinem Gebrauchtwagenhandel in allerhand kriminelle Geschäfte verwickelt. Worauf er sich dabei eingelassen hat, dürfte ihm erst kurz vor seiner Ermordung bewusst geworden sein.
Wo bezahlte Killer, die ihr Handwerk wahrscheinlich irgendwo am Balkan gelernt haben, aktiv werden, ist auch die Mafia nicht weit. Und umgekehrt ist es auch so. Anwalt Rieder hat Recht, wenn er bemängelt, dass die österreichischen Behörden

den angeblichen Zeugen nicht selbst in Serbien vernommen haben. Dadurch wurde wertvolle Zeit verloren. Zeit, die von anderer Seite womöglich auch dazu genutzt werden konnte, um den Zeugen einzuschüchtern.

Mein Fazit: Zur Bekämpfung dieser kriminellen Entwicklungen wird es eine noch bessere polizeiliche Zusammenarbeit von Seite jener Länder geben müssen, aus denen solche Killer kommen. Überhaupt dann, wenn es sich um Staaten handelt, die darauf drängen, in die Europäische Union aufgenommen zu werden.

Verschollen auf den Virgin Islands.

Ein Mann verschwindet. Spurlos. Wie so viele andere auch. Was ist passiert mit ihm? Wurde er mit Gewalt um sein Leben gebracht?

Es ist September 1991. Ich sitze mit meinem Vater beisammen, wir reden über ehemalige Schüler und was aus ihnen geworden ist. Den Wesenauer Lois, so mein Vater, habe es ins Ausland verschlagen, als Koch auf ein Schiff, doch heute wüssten die Angehörigen nicht mehr, wo er sei. Verschwunden, einfach so. Früher habe er ihn, seinen alten Lehrer noch besucht, wenn er nach Hause zu dem Bauernhof gekommen sei, der einen Steinwurf entfernt vom Irrsee liegt.

Wie aus dem Wesenauer Alois der „Loui A. Wesenauer" wurde.

Am 20.1.1947 erblickt Alois das Licht der Welt. Er ist ein aufgewecktes, Kind, das gern lacht. Die Wesenauers sind eine große Familie mit fünf Kindern. Von 1961 bis 1964 absolviert Alois eine Doppellehre zum Koch und Konditor im Hotel „Goldener Hirsch" in Salzburg. Anschließend arbeitet er kurz im „Weißen Rössl" in St. Wolfgang.

Ein junger Mann mit großen Perspektiven. Alois Wesenauer. Foto: Privat

Alois hat sein Handwerk hervorragend gelernt, denn es mangelt ihm nicht an prominenten Angeboten, auch aus dem Ausland. Das ist der eine Grund, warum es ihn schon mit jungen Jahren ins Ausland zieht. Der zweite ist das Bundesheer. Eine Stelle, die er im Umfeld des britischen Königshauses in Aussicht hat, würde sich mit der Ableistung des Präsenzdienstes überschneiden. Also nichts wie weg. Seit dieser Zeit (Ende der 60er Jahre) ist Alois Wesenauer nur mehr zu Besuch in seiner Heimat, beruflich verlagert er sich ganz ins Ausland. Immer wieder schreibt er Kartengrüße nach Hause, Zeichen dafür, dass er viel auf der Welt, vor allem im karibischen Raum, herumkommt. Auch rief er „zwei- oder dreimal im Jahr zuhause an", erinnert sich sein Bruder Hans.

Wahrscheinlich Anfang der 70er Jahre kommt Alois Wesenauer auf die Insel Saint Thomas, die zu den US-Virgin Islands gehört. Hier wechselt er das berufliche Metier, leitet gemeinsam mit einem Partner eine Tauchschule als „Vicepresident". Die Firma heißt „Underwater Industries" (später Underwater International), er selbst nennt sich Loui A. Wesenauer.

Loui (stehend links) mit Gruppe vor einem Tauchgang. Foto: Privat

Neben dem Tauchlehrerpatent erwirbt er auch den Privatpilotenschein. Später wird er noch Besitzer oder Mitbesitzer des Tri County Airport in Bonifay, Florida. Und er dürfte auch einen weiteren Wohnsitz auf den Niederländischen Antillen gehabt haben.
1976 schließt Loui A. Wesenauer Versicherungen ab, die er in Kopie seinem Vater schickt. „Falls mir etwas passieren sollte, gib die Papiere zu einem Rechtsanwalt", schreibt er.

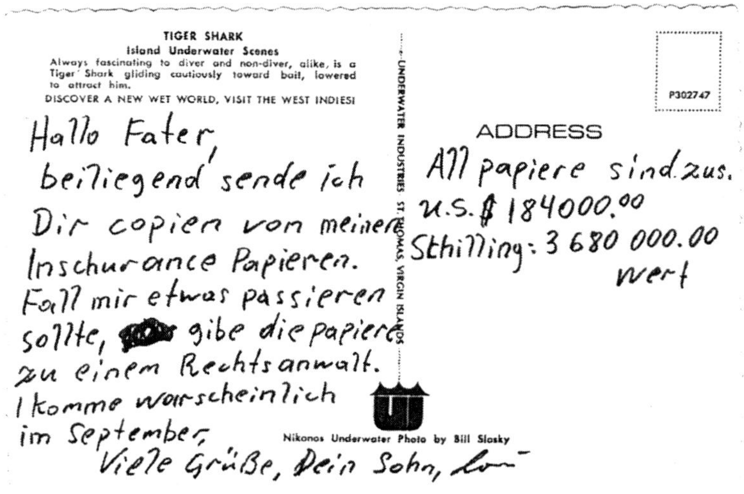

TIGER SHARK
Island Underwater Scenes
Always fascinating to diver and non-diver, alike, is a Tiger Shark gliding cautiously toward bait, lowered to attract him.
DISCOVER A NEW WET WORLD, VISIT THE WEST INDIES!

UNDERWATER INDUSTRIES ST. THOMAS, VIRGIN ISLANDS

P302747

ADDRESS

Hallo Fater,
beiliegend sende ich
Dir copien von meinen
Inschurance Papieren.
Fall mir etwas passieren
sollte, gibe die papiere
zu einem Rechtsanwalt.
I komme warscheinlich
im September,
Viele Grüße, Dein Sohn, Loui

All papiere sind zus.
U.S. $ 184000.00
Sthilling: 3 680 000.00
wert

Nikonos Underwater Photo by Bill Slosky

Ein Glück von kurzer Dauer im vermeintlichen Paradies.

Saint Thomas ist – wie die gesamten Virgin Islands – schon allein wegen seines ganzjährig subtropisch-milden Klimas mit geringen Temperaturunterschieden ein besonders angenehmes Plätzchen auf diesem Planeten. Saint Thomas hat auch einen der attraktivsten Naturhäfen der Karibik. Ein Paradies für Segler und Weltenbummler. Mehr als zwei Millionen Touristen pro Jahr besuchen die Virgin Islands und machen den Fremdenverkehr zur wichtigsten Säule für das Bruttosozialprodukt. Keine Frage, hier lässt es sich leben. Louis scheint auf die Butterseite des Lebens gefallen zu sein. Fehlt nur noch die richtige Frau zum perfekten Glück.

Am 26.7.1980 läuten für den gebürtigen Tiefgrabener die Hochzeitsglocken auf Saint Thomas. Er ehelicht Ilse Patricia R., die Tochter jüdischer Aussiedler aus Ostfriesland. Im Herbst desselben Jahres kommen die frisch Vermählten zu Besuch auf den elterlichen Bauernhof. Die ganze Familie ist versammelt, der Vater ist noch verhältnismäßig rüstig, auch die in Zell am See verheiratete Schwester Anna ist da, und auch der Bruder aus München.

Alois zieht seinen Bruder Hans einmal zur Seite und bittet ihn, er möge ihm für die späten Jahre um ein Grundstück oder um ein Haus in der Nähe des Elternhauses schauen. Offensichtlich will der Mann, der früh auszog, um die Welt kennen zu lernen, auch wieder zu seinen Wurzeln zurück.

Loui mit Patricia auf Heimatbesuch am Irrsee. Foto: Privat

Drei Jahre nach der Hochzeit mit der hübschen Ilse Patricia folgt die Scheidung. Es ist nicht der einzige harte Schlag für Loui. Am 6.6.1984 stirbt der geliebte Vater. Wesenauers wollen Loui anrufen, ihn informieren, erreichen ihn aber telefonisch nicht. Der damalige Leiter des Postamtes Zell am Moos, Fachoberinspektor Gottfried Mayr, dürfte der letzte gewesen sein, der mit Loui Wesenauer in Kontakt gewesen ist. Er ruft ihn an und übermittelt die Nachricht vom Tod des Vaters. Seit diesem Tag ist der Kontakt zwischen dem Weltenbummler und seinen Angehörigen abgerissen. Bis heute.

Angehörige stellen erste Nachforschungen an.

Loui dürfte die Kontakte zur Heimat schon Anfang der 80er Jahre reduziert haben, möglicherweise wegen privater Probleme. Jedenfalls ersucht Louis Schwester Anna (heute bereits verstorben) mit Schreiben vom 18. Jänner 1983 den US-amerikanischen Consular Agent in Salzburg, Kurt Taylor, um Nachforschungen in der Sache Loui A. Wesenauer. Dieser verweist die Schwester zuständigkeitshalber an die österreichische Botschaft in Washington. Auch ein Schreiben an diese Adresse bringt nicht viel. Eine Möglichkeit, eine eventuell geänderte Anschrift zu erfahren, bestehe praktisch nicht, lässt die Botschaft in ihrem Antwortschreiben wissen. Im Wortlaut: „Es darf darauf aufmerksam gemacht werden, dass es in den USA kein Meldegesetz wie in Österreich gibt und es den US-Behörden untersagt ist, Privatanschriften an Dritte – auch an ausländische Vertretungsbehörden – weiterzugeben. Sollte Ihr Bruder inzwischen seine Anschrift abermals geändert haben, besteht kaum eine Möglichkeit, diese zu erfahren."

Spurensuche.

Im November 1991 beginne ich mit meinen Nachforschungen und wende mich an den damaligen österreichischen Konsul in Miami, Dr. Arthur Karlick, der eine Anwaltskanzlei (Karlick & Buckley) besitzt. Da ich keine Chance habe, auf direktem Weg, also über die Tauchschule in St. Thomas, etwas über den Verbleib von Loui Wesenauer zu erfahren, versuche ich, über die ehemaligen Schwiegereltern von Wesenauer nähere Informationen zu erhalten. Konsul Karlick gelingt es, mit dem Vater von Patricia, der ebenfalls eine Anwaltskanzlei besitzt, Kontakt aufzunehmen. Dieser bestätigt, dass seine Tochter

1983 von Loui Wesenauer geschieden wurde. Weiters spricht er von schlechten Erfahrungen, die seine Tochter in dieser Ehe gemacht habe. Er verbietet aus diesem Grund auch jeden direkten Kontakt mit seiner Tochter und gibt an, dass die Familie R. seit der Scheidung nichts mehr von Loui A. Wesenauer gehört habe.
In einem weiteren Briefwechsel mit Karlick versuche ich Hintergründe zu erfahren, erreiche aber schnell jene Grenze, ab der man ohne Ermittlungen vor Ort nicht mehr voran kommt. Für mehrere Zeitungen schreibe ich Beiträge über den verschollenen Mann aus Tiefgraben. Alle bleiben – wie zu erwarten – ohne Reaktion.

VI — Extra-Nachrichten — DONNERSTAG, 24. OKTOBER 1991

Tiefgraben: Angehörige des vermißten Alois Wesenauer befürchten ein Verbrechen

Mysteriöses Verschwinden eines Weltenbummlers gibt Rätsel auf

(OÖN-blai) Seit seinem letzten Besuch am elterlichen Bauernhof in Tiefgraben im Jahr 1980 und einem letzten Telefonkontakt 1984 haben die Geschwister des Weltenbummlers Alois Wesenauer nichts mehr von ihrem Bruder gehört. Jetzt halten sie es für möglich, daß der Vermißte einem Verbrechen zum Opfer gefallen ist.

Der 33jährige gelernte Koch war auf seiner Hochzeitsreise zum letzten Mal auf Heimatbesuch gewesen, nachdem er in St. Thomas auf den US-amerikanischen Virgin Islands geheiratet hatte. Seine Gattin Ilse Patricia war die Tochter einer aus Nazi-Deutschland ausgewanderten jüdischen Familie mit Namen Rosenberg. Wesenauer, der vor dem Einrücken zum Bundesheer ausgewandert war, hatte sie nach Stationen in England, Frankreich und Spanien auf den Jungferninseln kennengelernt. In St. Thomas wollte sich Alois Wesenauer vorläufig niederlassen, er wurde Vizepräsident einer Tauchfirma namens „Underwater International".

In Florida verliert sich die Spur

Der Vermißte wechselte in der Folge trotzdem mehrmals den Wohnsitz, ohne die Angehörigen näher darüber zu informieren. Dennoch ergaben Nachforschungen, daß der Auslands-Österreicher zwischen 1976 und 1980 auf den Virgin Islands lebte, 1983 eine Adresse auf den Niederländischen Antillen hatte und sich 1983 abermals mit Kartengrüßen aus St. Thomas zu Hause meldete. In Bofay/Florida verliert sich 1984 die Spur von Alois Wesenauer endgültig.

Manche Umstände kommen den Angehörigen Wesenauers heute verdächtig vor und deuten ihrer Meinung nach auf ein Verbrechen hin. So lasse das Ende des guten Kontakts zum Elternhaus Schlimmes befürchten. Und der Umstand, daß sich weder die Schwiegertochter Ilse Patricia noch die Schwiegereltern Rosenberg seit 1980 gemeldet hatten, verstärkt den Verdacht auf eine strafbare Handlung.

Als die Angehörigen später versuchten, auf eigene Faust den Aufenthaltsort ihres Bruders zu ermitteln, waren sie nicht gerade vom Glück begünstigt. Außerdem mangelte es an der Hilfsbereitschaft der Österreichischen Botschaft in Washington, an welche sich die Schwester des Vermißten, Anna Nußbaumer, gewandt hatte. Der zuständige Verwaltungsrat hatte zwar einen Brief an die letzte Adresse Alois Wesenauers gesandt, gleichzeitig aber der Schwester wenig Hoffnung gemacht: „Sollte Ihr Bruder inzwischen seine Adresse abermals geändert haben, besteht kaum eine Möglichkeit, diese zu erfahren."

Die Extra-Nachrichten setzten sich nun nach Ausforschung der letzten Adresse Wesenauers mit dem zuständigen Konsulat in Miami in Verbindung. Dort machte man den Angehörigen neue Hoffnung: Man brauche genaue Unterlagen über den Vermißtenfall, so Konsul Dr. Karleck, dann werde man selbstverständlich alles unternehmen, um das Schicksal Alois Wesenauers zu klären.

Dieses Bild zeigt den vermißten Alois Wesenauer (2. v. r.) zum letzten Mal im Kreise seiner Familie — Foto: Privat

Auch in den OÖN (damals in der Regionalbeilage EXTRA-Nachrichten) schrieb ich über den vermissten Alois Wesenauer. Reaktionen gab es kaum.
Faksimile: Blaichinger

Dennoch gibt es einen Silberstreif am Horizont. Im Oktober 1992 wende ich mich an den damaligen österreichischen Außenminister Alois Mock mit der Bitte um Unterstützung. Tatsächlich gelingt es der von Mock beauftragten österreichischen Botschaft in Washington, einen Mann namens Andrew Holub als Geschäftspartner Wesenauers ausfindig zu machen. Holub verspricht, sich nach seiner Rückkehr von einer Geschäftsreise bei der österreichischen Botschaft in Washington zu melden.

Das Problem: Der Mann löst dieses Versprechen nicht ein. Und mittlerweile kann er es auch nicht mehr. Er stirbt 2002 bei einem Flugzeugabsturz in Florida, wobei er allein an Bord gewesen sein dürfte (siehe auch folgendes Youtube-Video: http://www.youtube.com/watch?v=iTWySDPCUCs).

Insgesamt drei Jahre versuche ich mit meinen bescheidenen Mitteln, eine Spur zu Loui A. Wesenauer zu finden. Internet und E-Mail-Kommunikation wären mir jetzt eine große Hilfe, stecken aber noch in den Kinderschuhen.
Ein letzter Versuch. Auf deutschen Privatsendern laufen damals Sendungen, in denen Vermisste gesucht werden. BITTE MELDE DICH mit Jörg Wontorra und SPURLOS mit Charles Brauer. Einfach die Unterlagen hinschicken und warten auf eine Reaktion, denke ich. Es bleibt beim Versuch. Keine Reaktion. Wäre ja auch zu schön gewesen.

Neue Informationen.

15 Jahre später. Hans Wesenauer lernt einen Mann aus einer Filmcrew kennen, die rund um den Irrsee neue Serien der Krimikomödie „Vier Frauen und ein Todesfall" dreht. Ihm erzählt Hans vom Verschwinden seines Bruders. Der Mann, der Filmemacher Reini Weissensteiner, startet eine E-Mail-Korrespondenz mit Tauchclubs auf den Virgin Islands und schafft es tatsächlich, von einem Mann, der zwischen 1978 und 1998 auf Saint Thomas gelebt und mit Loui zusammengearbeitet haben will, neue Informationen zu erhalten.
Demnach sei Loui Wesenauer Mitte der 80er Jahre auf einer Reise nach Kolumbien gestorben, möglicherweise mit dem Flugzeug abgestürzt. Diese Geschichte, so der Informant, hätten ihm der Geschäftspartner von Loui, Holub (abgestürzt und gestorben 2002) und ein Flugzeugmechaniker, der ebenfalls bereits verstorben ist, erzählt.
Der Informant äußert sich in der Mail-Korrespondenz nur positiv über Loui. Er spricht von einem großartigen, rücksichtsvollen Menschen, der immer in seinen Gedanken bleiben werde.

Bemerkenswert, dass der Mann zwar mit Luis zusammengearbeitet und später auch dessen Geschäftsbereiche übernommen haben will, in den frühen 80ern auch befreundet mit Loui gewesen sein will, aber auf weitere Fragen (etwa nach Hintergründen zu den Flügen nach Kolumbien) nicht eingeht.

Als ich im Spätherbst 2012 Material für den zweiten Band meines Buches über „Mysteriöse Kriminalfälle" zu sammeln beginne, rückt die Sache Wesenauer wieder in mein Blickfeld. Ich besuche die Familie, die mittlerweile in einem schmucken Zuhaus neben dem Bauernhof am Irrsee wohnt. Hans erzählt mir von Reini Weissensteiner, und wenige Tage später stehe ich mit diesem bereits in Kontakt. Er kontaktiert die seinerzeitige Kontaktperson auf Saint Thomas und stellt ihm die Fragen, die ich für wichtig erachte.

- Worauf basieren die Infos mit dem Tod in Kolumbien?
- Was ist mit etwaigen Versicherungen?
- Wer war Begünstigter?
- Wurde Wesenauer offiziell für tot erklärt?
- Was ist mit seinem Nachlass geschehen?
- Warum fand es niemand der Mühe wert, die Angehörigen in Österreich zu verständigen?

Fragen über Fragen. Aber der Kontaktmann antwortet nur, er habe keine weiteren Informationen mehr über Loui A. Wesenauer.

Ein Ergebnis, das mich überhaupt nicht zufrieden stellt. Ich brauche jetzt jemanden, mit dem ich mich austauschen kann. Um neue Anhaltspunkte zu finden und um mich selbst nicht zu verrennen in diesem Tohuwabohu. Also kontaktiere ich den Berufsdetektiv und damaligen Bundesgeschäftsführer des Fachverbandes österreichischer Berufsdetektive, Johann Fesl. Mit ihm führte ich Anfang November 2012 das Gespräch, das sie auf den folgenden Seiten lesen können.

Interview:
„Man soll sich nicht an Aussagen einzelner Menschen orientieren, sondern an den tasächlichen Fakten."

Autorisiertes Interview mit dem Berufsdetektiv und ehemaligem Bundesgeschäftsführer des Verbandes österreichischer Berufsdetektive, Johann Fesl, über seine Einschätzungen in der Vermisstensache Alois Wesenauer. Das Gespräch fand Ende Mai 2013 in Mondsee statt.

Der Berufsdetektiv Johann Fesl aus Mondsee sucht Vermisste auf der ganzen Welt. Foto: Blaichinger

AUTOR: Herr Fesl, Sie haben meine bisherigen Rechercheergebnisse in der Sache gelesen. Was ist Ihr erster Eindruck?

FESL: *Ich würde sagen, in dieser Sache gibt es viele Zugänge. Insgesamt ist es aber ein ziemliches Durcheinander. Es gibt mehrere Mosaiksteine, doch bis jetzt passt für mich nichts richtig ins Bild.*

AUTOR: Inwiefern?

FESL: *Da gibt es eine Heirat, dann eine Scheidung. Die geschiedene Frau will oder darf nichts über Loui Wesenauer sagen. Sein Geschäftspartner hat offensichtlich der österreichischen Botschaft*

versprochen, sich nach Rückkehr von einer Reise dort zu melden, hat es aber nicht getan. Mittlerweile ist er tot. Ebenso wie ein Flugzeugmechaniker, der gewusst haben will, dass Wesenauer über Kolumbien abgestürzt ist. Alles Aussagen, aber nicht wirklich etwas Greifbares. Daher soll man sich nicht an Aussagen einzelner Menschen orientieren, sondern an den tatsächlichen Fakten.

AUTOR: Die da wären …

FESL: *… die Frage, ob es tatsächlich einen entsprechenden Flugunfall gegeben hat. Man müsste wissen, wann und womit Wesenauer geflogen ist. Das kann man über den Tri County Airport erfahren, sofern dieser bereit ist, Auskunft zu geben. Hat man den Flugzeugtyp und das Kennzeichen, kann man über das National Transport Safety Board (NTSB) Näheres über ein etwaiges Flugzeugunglück erfahren. In den USA gibt es nichts, was so stark überwacht wird wie der Flugverkehr.*
Und dann ist da noch die Frage der Erbnachfolge. Wesenauer muss – wenn er tatsächlich tot sein sollte – eine Erbnachfolgerin oder einen Erbnachfolger haben. Versichert war er ja, wie aus den Versicherungspapieren hervor geht. Wer also hat hier kassiert? Das ist sicher eine interessante Frage.

AUTOR: Das würde aber möglicherweise auch heißen, dass bei einem Tod von Wesenauer, sofern er wirklich tot ist, ein bisschen nachgeholfen wurde.

FESL: *Nicht zwingend. Das kann alles auch eine natürliche Erklärung haben. Vielleicht hat er nur den Erbberechtigten geändert, wovon niemand etwas weiß.*

AUTOR: Aber die Sache stinkt doch irgendwie, oder?

FESL: *Insgesamt würde ich die Sache auch als eigenartig einschätzen, zumindest aus heutiger Sicht.*

Ein neuer Anlauf und ein jähes Ende.

Noch am Tag des Interviews versuche ich das umzusetzen, was mir Hans Fesl empfohlen hat. Ich kontaktiere den Tri County-Airport in Bonifay, Florida. Darüber hinaus aber auch den Mann, mit dem Reini Weissensteiner in Kontakt stand. Und auch an den zweiten Gatten der Ilse Patricia, der mir einen Kontakt mit der Dame vermitteln soll.

Und schließlich wende ich mich gleichzeitig wieder an die österreichische Botschaft in Washington. Ich habe die Taktik geändert und nutze die verschiedenen Kontakte gleichzeitig, weil ich mir schnellere Ergebnisse erwarte. Der Erfolg ist einigermaßen ernüchternd. Die österreichische Botschaft in Washington schreibt mir nichts, was ich nicht schon vorher gewusst hätte. Und die anderen Kontaktpersonen melden sich überhaupt nicht.

Schmerz der Ohnmacht:

Was bleibt? Alois Wesenauer ist verschwunden und wird es wohl für immer bleiben. Es gibt keine Spur, zumindest keine, die sich aus der Ferne verfolgen ließe.

Ich persönlich glaube, dass jemand nachgeholfen hat, um Alois Wesenauer ins Jenseits zu befördern. Von seinem Tod mögen manche Leute profitiert haben. Dass seine Freunde keinen Kontakt mit Wesenauers Familie aufgenommen haben, stimmt mich ebenfalls nachdenklich. Im Frühjahr 2013 besuchte ich die Familie Wesenauer noch einmal. Der Beitrag, den ich geschrieben habe, wird dafür sorgen, dass Alois nicht vergessen wird. Bei allem journalistischen Jagdinstinkt war mir das sehr wichtig.

Dass sich die Angehörigen nicht entschließen konnten, einen Berufsdetektiv auf die Vermisstensuche anzusetzen, verstehe ich. Mehr als 25 Jahre sind eine lange Zeitspanne. Die Wesenauers haben wohl aufgegeben, den Bruder noch einmal lebend wiedersehen zu können.

Meine Recherchen sind damit beendet. Vorläufig. Ich kenne mich selbst. Eine kleine Spur nur, ein neuer Hinweis, und schon ist alles wie immer.
Auch in diesem Vermisstenfall möchte ich noch ein paar Anmerkungen treffen. Nachforschungen im Ausland haben nur dann eine Chance auf Erfolg, wenn man entweder eine Kontaktperson vor Ort hat oder selbst vor Ort recherchiert. Ich habe wieder die Erfahrung gemacht, dass es immer am Menschen liegt, nicht an der Behörde an sich, ob dir geholfen wird. Rechtsanwalt Arthur Karlick (österreichischer Konsul in Miami) hat seinerzeit unbürokratisch, aber mit großem Engagement, geholfen. Damals verkehrten wir noch schriftlich, in englischer Sprache. Auch mein Schreiben an den damaligen Außenminister Alois Mock hat sicher dazu beigetragen, dass ich damals binnen 14 Tagen eine Antwort erhielt, die Bemühen erkennen ließ. Dass ich mich nach Jahren noch einmal an die österreichische Botschaft in Washington wandte, um das Schicksal von Alois Wesenauer einer Klärung näher zu bringen, war wohl ein Irrtum meinerseits. Die Antwort brauchte eine zusätzliche Intervention, dauerte mehrere Wochen und war ohne Aussagekraft.
Meine Befürchtung, dass bei Alois Wesenauer ein unnatürlicher Tod vorliegt, habe ich dargelegt.

Kalter Tod im Attersee.

Taucher, die im Attersee, insbesondere bei der so genannten Schwarzen Brücke, ihrem Hobby nachgehen, leben gefährlich. Manche von ihnen bekommen Atemprobleme, erleiden einen Tiefenrausch, weil sie – fasziniert von der Unterwasserwelt – zu tief abtauchen. Haben sie Glück und schaffen einen Notaufstieg, haben sie meist schwere innere Verletzungen. Für andere endet der Tauchgang tödlich. Nicht immer können die Umstände der Todesfälle restlos geklärt werden.

Der Einstieg zur „Schwarzen Brücke“ im Attersee. Foto: Blaichinger

Praktisch das ganze Jahr über treffen sich Sport- und Hobbytaucher am Attersee, um hier ihrem Freizeitvergnügen nachzugehen. Immerhin handelt es sich bei diesem Gletschersee im Salzkammergut um das größte Binnengewässer Österreichs mit herrlich klarem Wasser, einer tollen Unterwassersicht und einer Wassertiefe von mehr als 170 Metern.

Für Taucher gibt es eine Reihe von attraktiven Taucheinstiegsstellen, wobei die „Schwarze Brücke" in der Nähe der Ortschaft Steinbach zu den besonders beliebten gezählt wird. Bei der „Schwarzen Brücke" handelt es sich um eine beinahe senkrecht abfallende Steilwand mit Felsformationen. „Um zur Wand zu gelangen", lässt die Informationshomepage www.atterseediving.com wissen, „taucht man vom Einstieg aus nach rechts. Bereits im oberen Bereich beeindrucken die mächtigen Felsformationen, die eigentliche Steilwand beginnt jedoch nach einer Tauchzeit von einigen Minuten. Die schöne, strukturierte Steilwand fällt in mehreren Stufen auf eine Tiefe von über 100 Metern ab." Und weiter heißt es: „30 Meter sind genug!" Ein Sicherheitshinweis, den jeder Taucher befolgen sollte. Alles, was unter dieser Marke liegt, gefährdet das eigene und das Leben anderer. Freilich steht dem ein besonderer Reiz gegenüber. Je nach Jahreszeit biete sich ab einer Wassertiefe von 20 Metern eine Sicht von bis zu 30 Metern, wie Taucher begeistert berichten.

In den Frühjahrs- und Herbstmonaten sind die Salzkammergutseen besonders schön anzusehen. Vor und nach dem Trubel der Sommersaison zeigt sich auch das Wasser des Attersees ruhig und friedlich in der Sonne, und die sich farbenprächtigen Blätter der umgebenden Wälder spiegeln sich auf der Wasseroberfläche. Wohl nichts würde diese Idylle stören, wäre da nicht auf der anderen Straßenseite gegenüber dem Einstieg zur „Schwarzen Brücke" ein schönes Kreuz. Es zeigt, dass von diesem Tauchplatz schon so mancher Taucher zu seinem letzten Tauchgang abgestiegen ist. ALLEN IM ATTERSEE VERSTORBENEN ZUM GEDENKEN steht hier in großen Lettern zu lesen. Und neben dem Einstieg ins Wasser findet man wie an allen Tauchplätzen des Attersees eine Info-Tafel. Beides zeigt bislang nur wenig Wirkung. Die Zahl der toten Taucher bei der Schwarzen Brücke steigt von Jahr zu Jahr. Und nicht jeder so genannte Tauchunfall dürfte tatsächlich ein solcher gewesen sein.

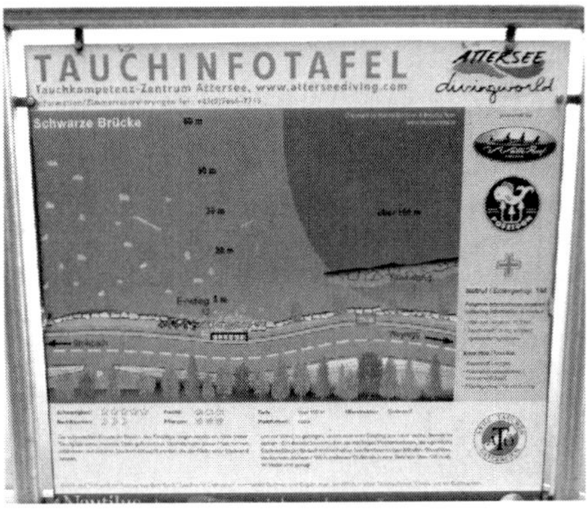

Tauchinfotafel bei der „Schwarzen Brücke“.

Kreuz für die Verstorbenen.

Fotos: Blaichinger

Pole bei Tauchgang vermisst.

Gemeinsam mit fünf Landsleuten steigt der erfahrene Hobbytaucher Martin S. (40) aus Polen am 23. März 2013 bei der „Schwarzen Brücke“ in den Attersee. In einer Tiefe von 45 bis 50 Metern trennen sich die Taucher und verfolgen eigene Ziele. S., der zwar bereits einhundert Tauchgänge hinter sich hat, aber nur einmal in ähnlicher Tiefe getaucht war, will offensichtlich noch tiefer gehen. Als er nach rund eineinhalb Stunden noch immer nicht beim vereinbarten Treffpunkt ist, schlagen seine Kollegen per Handy Alarm. Ein Großaufgebot von Feuerwehrtauchern, Wasserrettung und der Polizei-Spezialeinheit COBRA sucht sofort nach dem Vermissten, doch vergeblich. Wind und Wellengang erschweren die Suche zusätzlich. Insgesamt 17 Suchaktionen braucht es, um den Vermissten am 15. Mai zu finden. Den entscheidenden Hinweis gibt offensichtlich einer der Tauchpartner von Martin S., mit dem die Feuerwehrtaucher noch ein nachträgliches Gespräch geführt haben. So kann der Tote in einem noch nicht abgesuchten Bereich nach kurzer Einsatzzeit in 35 Metern Tiefe lokalisiert und nach der Spurensicherung durch COBRA-Taucher geborgen werden.

Da der Unglückshergang nicht schlüssig erklärt werden kann, ordnet die Staatsanwaltschaft Wels eine Obduktion und ein

technisches Gutachten an. Die Obduktion ergibt als Todesursache Ertrinken. Was de facto so gut wie nichts heißt, da es keine Aussagekraft darüber hat, ob und in welcher Form jemand beim Ertrinken nachgeholfen haben könnte.
Interessant erscheint aber ein anderer Umstand: Der polnische Taucher trägt insgesamt vier Flaschen mit verschiedenen Sauerstoffgemischen mit sich. Offensichtlich waren aber bei Auffindung des Toten alle vier Flaschen zugedreht. Ein - ohne ausführliche Erklärung - nicht nachvollziehbarer Vorgang.

Aus diesem Grund habe ich mit dem Tauchexperten der Polizei-Spezialeinheit COBRA und Kommandanten der Polizeiinspektion Mondsee, Kontrollinspektor Andreas Pacher (52), ein Gespräch geführt, das Sie weiter unten lesen können. Vorerst möchte ich jedoch noch auf einen anderen Tauchertod im Attersee hinweisen. Bei diesem hege ich den Verdacht, dass der Aktendeckel zu rasch zugeschlagen wurde.

Tot. Angelika Hertlein Foto: Polizei

Angelika Hertlein

Angelika Hertlein war am Karfreitag, dem 18. 4. 2003, zum Tauchen am Attersee. Sie galt als vermisst, ihre Leiche wurde erst im Juli 2005 gefunden und geborgen.
Auch die junge Deutsche gehört zu den Tauchsportbegeisterten, die den Attersee als Tauchrevier lieben. Nicht nur wegen ihrer Größe von 1,80 Metern, sondern auch wegen ihrer Attraktivität ist sie eine markante Erscheinung. Angelika Hertlein, Jahrgang 1966, geborene Nürnbergerin und von Beruf Versicherungsangestellte, ist begeisterte Taucherin. Sie gilt als sehr vorsichtig und unternimmt ihre Tauchgänge nur in Begleitung. Sie ist quasi im

Wasser zuhause, arbeitet auch als Tauchlehrerin und besitzt einen Motorbootführerschein. Aufzeichnungen über ihre Tauchgänge führt sie in ihrem Taucherlogbuch äußerst penibel und korrekt.

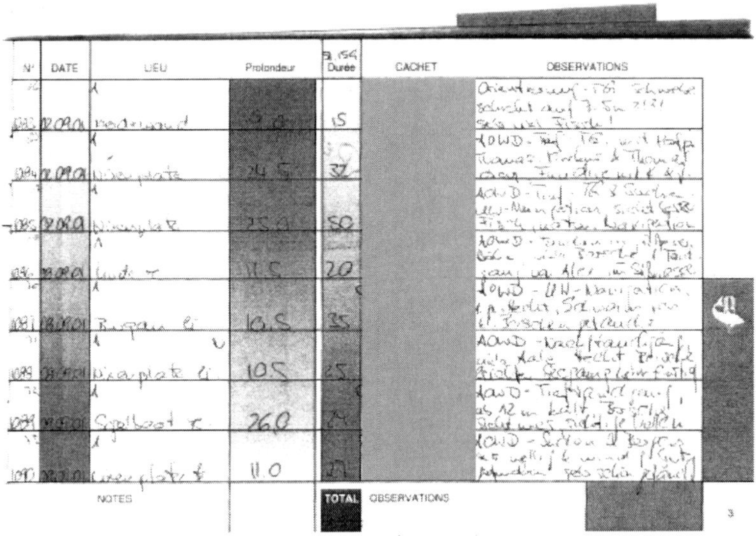

Taucherlogbuch der Angelika Hertlein: Penibel geführte Aufzeichnungen.

Faksimile: Blaichinger

Am 18. 4. 2003, um ca. 9 Uhr am Vormittag, fährt Angelika Hertlein von der Nürnberger Wohnung, die sie mit ihrem Lebensgefährten bewohnt, nach Österreich an den Attersee. Sie verwendet dabei nicht ihren eigenen PKW, sondern einen Daewoo mit dem deutschen Kennzeichen N-TK 468. Mit ihrem eigenen Fahrzeug hatte sie am 26. 3. 2003 einen kleinen Unfall, in dem sie gegen die Egge eines entgegenkommenden Traktors fuhr und dabei leicht verletzt wurde. Dieser wenig bedeutende Unfall und Krankheitsfälle in der Familie mögen dennoch dazu beigetragen haben, dass sie ausgerechnet am Karfreitag etwas Entspannung beim Tauchen am Attersee sucht. Sie taucht und taucht nicht mehr auf. Warum? Der von Hertlein verwendete Daewoo fällt noch am 18. 4. 2003 Augenzeugen auf und wird – nachdem Vermisstenanzeige erstattet wurde – von der Polizei Unterach sichergestellt. In den nächsten beiden Tagen folgen zwei Suchaktionen durch etwa 60 Taucher, die allerdings keinen Erfolg bringen.

Für die Polizeiinspektion Unterach erscheint der Fall wie ein Tauchunfall von vielen. Am 30. 4. 2003 informiert die lokale Inspektion unter der Geschäftszahl GZ 448/03 das Landespolizeikommando: „Der aktuelle Ermittlungsstand lautet, dass Hertlein nach ihrer Ankunft am Attersee alleine einen Tauchgang durchführte und vermutlich dabei verunglückt ist." Etwas anders sehen das verschiedene Medien. Der Journalist Erich Zwick etwa stellt in der Wochenendausgabe der Nürnberger AZ (Abendzeitung) vom 27./28. 9. 2003 über seinen ausführlichen Bericht über das Verschwinden Hertleins in der Headline die Frage: „Vermisste Taucherin – Mord?"
Korrekterweise muss ich allerdings anmerken, dass ich mit Erich Zwick in Nürnberg Kontakt aufgenommen habe und er mittlerweile mehr zur Ansicht neigt, es handle sich bei diesem Fall um einen Unfall.

Auch in Österreich widmen sich die regionalen Medien dem Thema: Die Krone meint schon am 5. Mai 2003: „Taucherdrama wird zum Krimi!"
Und die Vöcklabrucker Tips rätseln einige Monate später: „Unfall oder Verbrechen?". Dass sich mediale Berichterstattung oft auch daran orientiert, was den Leserinteressen entgegen kommt, ist kein Geheimnis. Im Fall von Angelika Hertlein wären manche Dinge allerdings wirklich hinterfragenswert gewesen.

Vermisste Taucherin – Mord?

Angelika Hertlein aus Nürnberg verschwand am Attersee

VON ERICH ZWICK

NÜRNBERG Am Karfreitag begann für das Nürnberger Ehepaar Jutta und Werner Hertlein der Alptraum. An diesem Tag ist ihre Tochter Angelika (36), die zum Tauchen nach Österreich fahren wollte, spurlos verschwunden. Die Frage, die ihnen seitdem ständig im Kopf herumgeht: Was ist eigentlich wirklich passiert?

Die Polizei in Österreich hat noch keine passende Antwort gefunden. Schon mehrfach wurde der Attersee, der selbst von routinierten Unterwasser-Sportlern als nicht ungefährlich eingestuft wird, von Tauchern vergeblich abgesucht. Am Rand des Gewässers war Angelikas Auto der

Eine attraktive Frau: Angelika Hertlein vor ihrem Verschwinden.

Marke Daewoo „Nexia" (Kennzeichen N-TK 468) gefunden worden. Doch die Eltern, die selbst Nachforschungen eingeleitet haben, sind sich nicht mehr so sicher, ob ihre Tochter auch tatsächlich am Attersee angekommen ist – oder ob nur eine falsche Spur gelegt werden sollte.

Angelikas Freund sagte bei der Polizei aus, dass die begeisterte Taucherin am Karfreitag zwischen 9 und 10 Uhr überhastet in Richtung Attersee weggefahren sei und außer zwei kompletten Tauchausrüstungen keine weiteren persönlichen Gegenstände mehr mitnahm. Angelika muss demnach wie der Teufel unterwegs gewesen sein, denn bereits zwischen 12 und 13 Uhr fiel ihr geparkter Wagen am Attersee einem Jogger auf. Angelika Hertlein selbst sah keiner. Auch Berichte in Tageszeitungen und im Fernsehen brachten keinen einzigen konkreten Hinweis auf das Schicksal der Nürnbergerin.

„Spanisch" kommt den Eltern auch vor, dass sich ihre Tochter nicht in jener Pension meldete, in der ein Platz für sie reserviert war. Sollte sie gleich nach ihrer Ankunft und allein zum Tauchen in den Attersee gesprungen sein? Ihre Eltern und ihre Freunde halten dies nicht nur deshalb für ausgeschlossen, weil die Frau beim Anlegen eines fehlenden Neopren-Anzuges fremde Hilfe benötigt hätte. Angelika Hertlein galt als besonnene, wenn nicht gar übervorsichtige Taucherin und vertraute sich nie allein dem See an. Ein Unfall erscheint unter diesen Umständen unwahrscheinlich.

Jutta und Werner Hertlein versuchen die Stunden zwischen Gründonnerstag und Ostersamstag nachzuzeichnen. Immer wieder fahren sie zum Attersee, befragen Einwohner, Gäste und Wanderer, verteilen Flugblätter mit dem Foto ihrer Tochter. Ohne greifbares Ergebnis. Genauso wenig, wie sie Zeugen finden konnten, die ihre Tochter vor der Abfahrt beim Beladen des Autos gesehen haben.

Auch einen Selbstmord halten Angelikas Eltern für mehr als unwahrscheinlich. Zwar hätte es vor ihrem Verschwinden Beziehungsprobleme gegeben, doch die sollten gleich nach den Osterfeiertagen gelöst werden und wären nach Überzeugung des Ehepaares kein Grund für die Frau gewesen, aus dem Leben zu scheiden. Jutta und Werner Hertlein müssen deshalb ins Kalkül ziehen, dass ihre Tochter einem Verbrechen zum Opfer gefallen sein könnte. Zwar klammern sie sich auch noch an die Hoffnung, ihre Tochter wieder lebend sehen zu können. Doch die schwindet mit jedem weiteren Tag.

Die Eltern Jutta und Werner Hertlein vor dem Wagen, der direkt am Ufer des Attersees entdeckt wurde.

Dieses Foto (rechts Angelikas Freund) entstand vor zehn Jahren bei einem Hüttenfest.

Angelika Hertlein aus Nürnberg war eine begeisterte, aber auch sehr besonnene und vorsichtige Taucherin.

Fotos: Erich Zwick

Nürnberger AZ vom 27./28. 9. 2003

Faksimile: Blaichinger

Einige Fragen bleiben offen.

Zunächst: Angelika Hertlein gilt in Taucherkreisen als besonders vorsichtige und besonnene Sportlerin. Weit mehr als eintausend Tauchgänge hat sie absolviert, keinen einzigen davon als Alleingang. Warum ausgerechnet diesmal?

Eine weitere Gewohnheit von Hertlein soll gewesen sein, dass sie sich zuerst in ihrer Pension meldet, in der sie immer ein Zimmer reservieren lässt, wenn sie am Attersee ist. Bei ihrem letzten Tauchgang tut sie das nicht. Taucherkollegen finden auch einen weiteren Umstand eigenartig. Ihrer Ansicht nach hätte sie zum Anlegen ihres Trockentauchanzugs die Hilfe einer weiteren Person gebraucht. Und schließlich: Offensichtlich wurde das Fahrzeug schon am frühen Vormittag von einem Jogger bei der „Schwarzen Brücke" gesehen. Laut Routenplaner braucht man allerdings von Nürnberg bis Steinbach am Attersee (317,5 km) mit normaler Geschwindigkeit eine Zeit 3,38 Stunden. Die vorliegenden Angaben über die Abfahrt von Hertlein und die erste Sichtung des Fahrzeugs passen also nicht zusammen.

Schließlich geht es noch um die Frage eines möglichen Selbstmords von Angelika Hertlein. Warum hätte sie sich umbringen sollen? Es stimmen zwar jene Vermutungen, die eine erhöhte psychische Belastung der Nürnbergerin durch einen kleinen Autounfall (Blechschaden) und eine Erkrankung in der Familie orten. Aber reicht das für einen Suizid? Unfall? Suizid? Würden 320 km Autofahrt von Nürnberg an den Attersee nicht als Cool down-Phase reichen, um wieder klare Gedanken zu fassen? Oder hat doch jemand nachgeholfen?

Seite 14 — ÖSTERREICH

Weil Vermisste im Attersee nicht zu finden ist, werden wilde Gerüchte laut:

Taucherdrama wird zum Krimi

Die Suchmannschaften geben auf – jetzt sollen Kriminalisten das Rätsel um die Taucherin im Attersee klären: Weil keine Leiche zu finden ist, wird bereits vermutet, dass der Unfalltod der 36-jährigen Unterwassersportlerin Angelika Hertlein nur vorgetäuscht wurde. Ob die Vermisste lebt, entführt oder umgebracht wurde, rätseln Gendarmen und Feuerwehrleute.

Vermisste Angelika Hertlein

„Tatsache ist", erklärt Einsatzleiter Konrad Kurt Hitzfelder aus Redlham, „dass wir seit zwei Wochen einen Umkreis von 800 Metern bis in 130 Meter Tiefe mit Tauchern und Kameras systematisch abgesucht, aber keine Spur der Frau gefunden haben. Und weiter wäre sie mit ihrer 15-Liter-Pressluftflasche nicht gekommen." Daraus schließen die Feuerwehr-Froschmänner, dass die Taucherin nicht in der Nähe ihres geparkten Autos bei der „Schwarzen Brücke" verunglückt ist, wo schon fünf Gedenkkreuze stehen: „Entweder ist sie mit voller Ausrüstung noch zu Fuß ganz woanders hinmarschiert – oder aber mit einem Sportsfreund weggefahren und abgetaucht."

Sie hatte laut Logbuch noch nie einen Alleingang gewagt, war nie tiefer als 20 Meter getaucht. Unfallflucht eines Augenzeugen? „Dass geschockte Überlebende davonlaufen, ist schon dagewesen", antwortet Hitzfelder, der sich auch an einen ähnlich mysteriösen Vermisstenfall mit Suchaktionen im Stausee von Klaus erinnert: Dort hatte ein Mann am Ufer einen Abschiedsbrief hinterlassen, war jedoch weggefahren und untergetaucht, bis er nach Wochen unversehrt auftauchte.

Die Feuerwehr will jetzt abwarten, was die Gendarmerie herausbringt. Zeugen sollen befragt, Wälder und Berge der Umgebung abgesucht werden, weil bei allen Diskussionen auch wüste Spekulationen auftauchten: Dass Angelika Hertlein am einsamen Atterseeufer einem Sexualverbrecher in die Hände gefallen sein könnte. Schaurige Erinnerungen werden wachgerufen: an den Serienmörder Wolfgang Ott, dessen blutige Spur am Attersee endete, und an jenen mysteriösen Mädchenmörder, der die 17-jährige Martina Posch im Mondsee versenkte.

ooe@kronenzeitung.at

Die Polizeiinspektion Unterach erstattet – möglicherweise auch beeindruckt von den Medienberichten – eine Anzeige wegen fahrlässiger Tötung bei der Staatsanwaltschaft in Wels. Diese wird aber von der StA Wels später zurückgelegt.

Deckel zu und rein in die Ablage! Täuscht mich dieser Eindruck? Mutter H. unterschreibt jedenfalls am 17. August 2005 eine Übergabebestätigung der Polizeiinspektion Unterach über diverse Tauchausrüstungsgegenstände von Angelika mit

folgendem (auf meine Nachfrage bei der Polizei als unüblich bezeichneten) Nachsatz:
„Außerdem erkläre ich mit der Übernahme dieser Gegenstände, dass der Tod meiner Tochter für mich als Tauchunfall und damit als geklärt anzusehen ist. Ich beabsichtige nicht, weitere Erhebungen bzw. Untersuchungen in dieser Angelegenheit zu beantragen."

Polizeiinspektion UNTERACH am ATTERSEE
Hauptstraße 9
4866 Unterach/Attersee
Tel: 059133/4177
Dvr.Nr.: 0478563
(Kopfstempel)

GZ E1/14406/2005 Unterach a.A., am 17.08.2005

Übergabe - Bestätigung

In der Causa **Angelika Elfi Hertlein geb. 10.7.1966, verstorben 19.04.2003, whgew.** [redacted]

werden nachstehend angeführte Gegenstände am heutigen Tage zufolge richterlicher Verfügung an:

Vor- und Familienname:
geb. am:
in:
Beruf:
wohnhaft in:
[redacted]

vollzählig übergeben:

Tauchflasche mit Lungenautomat und Rettungsweste, Flosse, Bleig-Gewichte, Deco-Tabelle

Außerdem erkläre ich mit der Übernahme dieser Gegenstände, dass der Tod meiner Tochter für mich als Tauchunfall und damit als geklärt anzusehen ist. Ich beabsichtige nicht, weitere Erhebungen bzw Untersuchungen in dieser Angelegenheit zu beantragen.

Meiner Meinung nach hat die Staatsanwaltschaft Wels zu rasch einen Tauchunfall als Todesursache angenommen. Man hätte vor allem die seinerzeitigen Lebensumstände der Toten genauer unter die Lupe nehmen müssen. Vor allem aber gab es zahlreiche Zeugen, die zu diesem Todesfall etwas sagen hätten können.

Tauchexperte Pacher: „Technische Probleme als Unfall-Mitauslöser sind nicht selten, meist aber nicht der alleinige Grund."

Das folgende Interview mit dem Tauchexperten der Spezialeinheit COBRA und Kommandanten der Polizeiinspektion Mondsee, Andreas Pacher, fand im Juni 2013 statt. Zu einem Zeitpunkt, als der Tod der polnischen Tauchers noch ungeklärt war.

Anerkannter Tauchexperte der COBRA:
Kontrollinspektor Andreas Pacher. Foto: Blaichinger

AUTOR: Herr Chefinspektor, warum sind gerade Tauchunfälle immer wieder geeignet, Gerüchte über unnatürliches Sterben zu nähren?

PACHER: *Ich bin Kontrollinspektor – also danke für die Beförderung. Aber Spaß beiseite. Wenn es wo Gerüchte über unnatürliches Sterben von Tauchern geben sollte, so vermutlich deswegen, weil bei diesen Fällen möglicherweise nicht alle Möglichkeiten der Ermittlung ausgeschöpft wurden.*

AUTOR: Was stellen Sie als Sachverständiger bei den meisten Tauchunfällen am Attersee als Ursache fest? Wie oft haben diese Tauchunfälle rein technische Ursachen?

PACHER: *Die Antwort auf diese Frage ist etwa der Inhalt eines abendfüllenden Vortrages; Selbstüberschätzung, viel zu große Tiefe, zu rasches Abtauchen in diese Tiefe. Kurzum, der Taucher nimmt irgendein Problemchen schon beim Abtauchen mit. Durch das meist rasche Tiefertauchen nimmt er sich nicht die Zeit, dieses Problemchen zu lösen. Es staut sich auf, es kommt ein zweites, drittes dazu, und so kommt es, dass er meist schon nach nur wenigen Minuten die Nerven verliert. Fehlleistungen sind die Folge, und es kommt meist im Bereich zwischen der elften und fünfzehnten Minute zum Tod durch Ertrinken.*
Technische Probleme als Unfall-Mitauslöser sind nicht so selten, meist aber nicht der alleinige Grund. Unter normalen Bedingungen müssten kleine technische Gebrechen von den Tauchern beherrscht werden.

AUTOR: Ich weiß, dass Sie als Sachverständiger der Verschwiegenheitspflicht unterliegen. Daher frage ich ganz allgemein: Hatten Sie schon einmal einen toten Taucher, bei dem alle Pressluftflaschen (im gegenständlichen Fall vier!) zugedreht waren?

PACHER: *Nein, hatte ich nicht. Es gäbe aber auch für so einen Fall durchaus Erklärungsmöglichkeiten, ohne gleich an Mord denken zu müssen.*

AUTOR: Was könnte man aus diesem Umstand schließen? Fremdeinwirkung? Selbstmord?

PACHER: *Alle Denkvarianten sind möglich. Die polizeilichen Ermittlungen werden diese Überlegungen sicherlich entsprechend abdecken.*

AUTOR: Noch eine Frage zum Tod der Angelika Hertlein im Attersee. Halten Sie es für möglich, dass sich eine Frau einen Trockentauchanzug allein und ohne fremde Hilfe anzieht?

PACHER: *Ja, das ist grundsätzlich möglich, diese Möglichkeit hängt aber auch stark von der Bauart des Anzugs ab, welche mir vom gegenständlichen Fall nicht bekannt ist.*

AUTOR: Und eine letzte Frage, die Sie aus Ihrer Erfahrung als Taucher vielleicht auch beantworten können. Wie kommt eine Taucherin mit mehr als eintausend Tauchgängen, die sie immer mit zumindest einem Kollegen absolviert hat, dazu, plötzlich allein zu tauchen?

PACHER: *Nun, gerade erfahrene Taucher neigen dazu, sich Dinge zuzutrauen, welche Anfänger nicht tun würden. Es gibt sogar viele Taucher, welche vorzugsweise alleine tauchen gehen. Solotauchen war gerade auch etwa zur Zeit des Tauchunfalls von Angelika Hertlein ein Thema in den Tauchmedien und ist jetzt sogar eine eigene Ausbildungsschiene.*

Anfang August 2013: Kein Fremdverschulden bei Tauchunfall des Polen.

Laut Sachverständigengutachten dürfte der Pole die Ventile bei einem Notaufstieg selbst zugedreht haben. Er dürfte im Tiefenrausch, in den er wegen seines für die Tiefe ungeeigneten Atemgases geriet, überreagiert haben.
Laut Expertise wies die Ausrüstung des Tauchers noch weitere Mängel auf. Für einen Tieftauchgang soll der Mann überdies zu wenig Erfahrung gehabt haben. Anhaltspunkte, dass ein anderer Taucher alle vier Flaschen zugedreht haben könnte, gibt es laut Gutachten nicht und wäre nach Ansicht des Sachverständigen auch nicht gegen den Willen des Polen möglich gewesen (vgl. http://ooe.orf.at/news/stories/2592954).

Aktendeckel zu und Schwamm drüber.

Es ist also so, dass der Tod des Polen Martin S. nach Expertengutachten ein Tauchunfall war, wie er immer wieder vorkommt. Der Tod der Angelika Hertlein gehört für mich aber in die Kategorie ungeklärter Todesfälle, auch wenn das offizielle Stellen ganz anders sehen mögen. Sie möge in Frieden ruhen. Die immerwährende Beobachtung der Umstände rund um ihren Tod durch jene, die heute noch Bedenken haben, ob es ein normaler Tauchunfall gewesen ist, bleibt ihr gewiss.

Die Staatsanwaltschaft Wels hat den Akt Hertlein übrigens mittlerweile vernichtet, pardon: skartiert. Damit ist die letzte Chance vorbei, sich noch einmal mit diesem Fall zu befassen.

Der Fall Tibor Foco oder: Immer noch Rätsel um den Mord an Elfriede Hochgatter

Sie war Prostituierte, und ihr Name ist heute wohl nur noch Kriminal-Insidern ein Begriff. Die junge hübsche Frau aus Traun bei Linz wird 1986 ermordet. Als Verdächtiger bis heute auf der „Most wanted"-Fahndungsliste des österreichischen Innenministeriums: Tibor Foco. Für ihn gilt die Unschuldsvermutung.

Elfi Hochgatter Foto: OÖN

Es ist der 14. März 1986, kurz nach 6.45 Uhr. Pendlerströme am Hauptbahnhof in Linz. Ein Bild wie an jedem Tag. Eine Woche vor Frühlingsbeginn ist von Frühling noch keine Spur. Feucht und kalt ist es. Ein Mann blickt aus dem Fenster eines einfahrenden Zuges und sieht neben den Geleisen der Westbahn direkt neben der Mauer des Barbara-Friedhofes eine Leiche liegen. Elfi Hochgatter, eine Prostituierte.

Wenig später ist die Polizei zur Stelle. Die junge Frau, die hier liegt, ist keines natürlichen Todes gestorben. Vor wenigen Stunden ist sie durch Schläge auf den Schädel und die Hände schwer misshandelt und dann durch einen Schuss ins Gesicht getötet worden. Im Bereich des Unterleibs ist die Tote entkleidet.

Im Buch will ich mich auf jene Punkte konzentrieren, die in diesem Fall die Arbeit von Polizei und Justiz für mich teils hinterfragenswert erscheinen lassen.

Eine kurze Chronologie der Ereignisse:
Bereits an dem Tag, an dem die Tat entdeckt wird, gibt es drei Festnahmen: Tibor Foco (damals 30 Jahre alt), ein Newcomer in der Linzer Zuhälterszene und Betreiber des Rotlichtlokals „Bunny“ in der Goethestraße, sowie zwei Prostituierte, von denen eine angeklagt wird.
Am 11. April folgt die Verhaftung eines angeblichen weiteren Mittäters. Peter Löffler. Es kommt zum Prozess am Linzer Landesgericht. Dieser beginnt im Februar 1987 und endet am 31. März mit folgenden Urteilen: Lebenslange Haft für Foco, 18 Jahre Haft für den angeblichen Mittäter Löffler und Freispruch wegen „entschuldigenden Notstands“ für die Prostituierte und Geliebte von Foco, Regina Ungar. Sie hatte angegeben, von Foco zum tödlichen Schuss gezwungen worden zu sein.

Tibor Foco beim Prozess. Dahinter Verteidiger Alois Heigl.
Foto: Kleine Zeitung

Foco, dessen Verurteilung auch der damalige Staranwalt Alois Heigl nicht verhindern hat können, wird in die Justizanstalt Stein an der Donau überstellt. Dort beginnt er Jus zu studieren. Zuvor sucht er immer wieder Kontakte zu Medien, um seine Unschuld zu beteuern. Zu den Zweiflern an der Richtigkeit seiner Verurteilung gehören u.a. die damalige Wiener Anwaltslegende Michael Stern, der seinerzeitige Stein-Anstaltsleiter Karl Schreiner und der Linzer Journalist Peter Römer.

Am 27. April 1995 gelingt Foco während einer Ausführung an die Universität Linz die (von mehreren Fluchthelfern organisierter) Flucht. Auf einer schwarzen Kawasaki braust er über die Leonfeldener Bundesstraße davon und wird bis heute von Fahndern vergeblich gesucht.

Mit einem Motorrad dieses Typs brauste Tibor Foco bei seiner Flucht davon. Foto: BMI

Die Flucht (zit. nach BMI-Homepage www.bmi.gv.at).

Tibor Foco plante offensichtlich über Jahre seine Flucht unter Zuhilfenahme von zahlreichen Fluchthelfern. Er lernte eine Vielzahl von Frauen durch Briefsendungen kennen, teilweise stellte er sogar eine Verlobung in Aussicht.Zur direkten Kommunikation mit der „Außenwelt" wurden bereits ab 1993 Mobiltelefone angekauft und zu ihm in die Haftanstalt geschmuggelt. Ein Fluchtmotorrad wurde angekauft, von einem ehemaligen Rennmechaniker des Foco gewartet und bereitgestellt. Eine Garage in Linzer Universitätsnähe für das Motorrad angemietet und mit einem schwarzen Tankrucksack mit Kleidung, Proviant, Kosmetika und Schlafsack ausgestattet.

Dem rechtskräftig verurteilten Prostituiertenmörder Tibor Foco wurde ein Studium im Institut für Rechtswissenschaft an der Linzer Universität bewilligt. Der Leiter des Institutes, Dr. Wegscheider, vertritt heute rechtsfreundlich den flüchtigen Strafgefangenen. Tibor Foco suchte Kontakte zu den Medien und präsentierte sich vor den Journalisten und der Öffentlichkeit als unschuldig Verurteilter, der seine ganze Initiative in sein Studium legte, um so seinen Freispruch zu erkämpfen. Ziel war offensichtlich aber nicht der Abschluss seines Studiums, sondern seine Flucht im April 1995.

Am 27. April 1995 um 8.25 Uhr traf Tibor Foco mit zwei Justizwachebeamten bei der Universität Linz ein. Sie gingen vorerst in den 3. Stock des Juridikum, wo im Vorlesungsraum 311 die Tasche abgelegt wurde. Im Anschluss beabsichtigte Foco in Begleitung des Wachebeamten noch die Toilette im Hauptgebäude aufzusuchen. Auf dem Weg dorthin erzählte er über die Lehrveranstaltungen und zukünftige Termine. Im Uni-Hauptgebäude wollte Foco noch im Hörsaal 1 Nachschau halten und verschwand hinter einem Paravant aus dem Blickfeld des Justizbeamten. Foco lief nun ohne Begleitung zum Juridikum zurück und holte aus einer Toilette im 3. Stock den von einer Fluchthelferin zuvor versteckten Garagenschlüssel und einen Tränengasspray. Nach weiteren 7 Minuten und 30 Sekunden erreichte der fliehende Foco die angemietete Garage, zog den Motorradanzug an und fuhr mit dem bereitgestellten schwarzen Motorrad der Marke Kawasaki ZX 750 F „Ninja", Fahrgestellnummer ZX750F017290, über den Marienberg zur Leonfeldner Bundesstraße davon. Das Motorrad konnte bis heute nicht gefunden werden. Ein Jahr nach seiner Flucht gab es das letzte Lebenszeichen von Tibor Foco, als er sich bei mehreren Journalisten meldete.

Bereits vor seiner Flucht hat sich in der Causa einiges getan. Der angebliche Mittäter Löffler ist seit 1992 frei und erhält Haftentschädigung in der Höhe von knapp 300.000 Euro. Die

1987 wegen „entschuldigenden Notstandes" freigesprochene Belastungszeugin Ungar wird vom Oberlandesgericht Linz als „unglaubwürdig" eingeschätzt. Tatsächlich hat die heute in den USA lebende Ex-Prostituierte sowohl vor den Kriminalbeamten als auch vor Gericht und nicht zuletzt auch in Interviews einander widersprechende Versionen der Tat aufgetischt.

Das ist aber erst der Anfang der schier unglaublichen Geschichte. Bereits Anfang 1993 widerruft die seinerzeitige Kronzeugin auch ihre den verurteilten Foco belastenden Aussagen. Nun verantwortet sie sich damit, in jener Nacht, in der Elfi Hochgatter ins Jenseits befördert wurde, nur einen Schrei gehört zu haben. Am Bahndamm, dem späteren Auffindungsort der Leiche, sei sie nicht gewesen. Zusätzlich begründet sie das falsche Geständnis vor Gericht damit, dass sie von der Polizei massiv gefoltert worden sei. In einem Brief schreibt sie unter anderem: „Ich wurde ins Gesicht geschlagen, sie verabreichten mir Magen-Stamperln, wobei ich zu Boden ging. (...) Anschließend packten beide (Kriminalbeamte, Anm. d. Verfassers) mich und schleiften mich zur Toilette. Dort tauchten beide mir meinen Kopf in einen Kübel voll Wasser unter, wobei ich dachte, das ist das Ende." (vgl. DER STANDARD, Printausgabe vom 11.4.2005).

Die Kriminalpolizei spricht von Lügen und weist die Darstellung zurück. Sie wende keine Prügel- oder Foltermethoden, Gewalt, Zwang oder Drohungen an. Die Anschuldigungen der Kronzeugin seien sowohl polizeiintern als auch von der Staatsanwaltschaft auf ihre Relevanz überprüft worden. Alle Anschuldigungen hätten sich als haltlos herausgestellt. Was auch die damalige Justizministerin Karin Miklautsch in einer Beantwortung einer parlamentarischen Anfrage im Jänner 2005 bestätigt: „Die bisher gegen die Strafverfolgungsbehörden erhobenen Vorwürfe wurden überprüft und für nicht stichhaltig befunden."

ORF sendet „zu freundliches" Interview von Bert Brandstetter nicht.

Der Journalist und langjährige Chef vom Dienst bei Radio Oberösterreich, Bert Brandstetter, erinnert sich in Zusammenhang mit dem Mordfall Hochgatter an folgende Begebenheit. Er habe nach dem Freispruch der Regina Ungar diese an ihrem damaligen Wohnort in Hörsching besucht und mit ihr ein Radiointerview gemacht. „Was ich sie damals genau gefragt habe, weiß ich gar nicht mehr. Jedenfalls ging es weniger um den Prozess als um ihr Leben danach", erinnert sich Brandstetter im Gespräch mit dem Autor.

Der Journalist und promovierte Psychologe weiß noch, dass das Interview damals nicht on air ging. „Ich nehme einmal an, dass es zu freundlich für die freigesprochene junge Frau war, das passte offensichtlich nicht in die Linie der damaligen Berichterstattung", so Bert Brandstetter.

Zweimal freies Geleit angeboten.

Die Rehabilitierung des unschuldig verurteilten Löffler bleibt nicht ohne Folgen für Foco. Im Frühjahr 1997 wird das Urteil zu lebenslanger Haft aufgehoben und vom Justizministerium freies Geleit bis 1. Oktober 1997 eingeräumt. Der internationale Haftbefehl wird widerrufen. Foco geht auf das Angebot nicht ein.

Im April 2000 wird von der Staatsanwaltschaft Linz eine erneute Anklage wegen Verdachtes des Mordes gegen Foco eingebracht. Die internationale Fahndung nach ihm läuft wieder. Ein weiteres Mal wird im Jahr 2005 von Justizministerin Karin Miklautsch freies Geleit bei einer freiwilligen Rückkehr zugesichert. Die Eltern hatten dafür und für eine Einstellung des Verfahrens bei der Ministerin interveniert. Letzteres wird nicht zugesagt, worauf die Eltern auf einen Antrag auf freies Geleit verzichten.

Interview:
„Tibor Foco dürfte nicht sehr reiselustig sein."

Autorisiertes Interview mit dem stellvertretenden Landespolizeidirektor von Oberösterreich, Hofrat Dr. Alois Lißl. Das Gespräch fand am 8. 4. 2013 in Linz statt:

AUTOR: Herr Doktor Lißl, wie weit ist die Polizei bei der Suche nach Tibor Foco?

LISSL: *Zunächst: Wir wissen nicht, wo er ist. Er spricht fließend Englisch und Spanisch und kann sich praktisch überall auf der Welt aufhalten. Ich denke etwa an Australien, Südafrika oder den ganzen amerikanischen Raum. Ich meine, wenn er gewisse für ihn typische Verhaltensweisen nicht mehr pflegt, wird es auch schwer sein, ihn zu enttarnen.*

AUTOR: Welche Verhaltensweisen meinen Sie da konkret?

Alois Lissl, stv. Landespolizeidirektor von Oberösterreich. Foto: Blaichinger

LISSL: *Ich meine den Rennsport, seine Vorliebe für das Rotlichtmilieu und das Bodybuilding.*
Das sind Dinge, die ihn kennzeichnen würden. Aber wie gesagt, er wird diese Verhaltensweisen kaum mehr pflegen, weil sie eben einen Ansatz für die Fahnder bieten könnten.

AUTOR: Glauben Sie an jene Informationen, die besagen, dass Foco nach einer Gesichtsoperation in Ungarn heute irgendwo im pazifischen Raum lebt, verheiratet ist und zwei Kinder hat. Würde das zu ihm passen?

LISSL: *An eine Gesichtsoperation glaube ich nicht, auch auf einer Insel vermute ich ihn nicht. Eher hält er sich in einem größeren Raum auf, wo er eine gewisse Bewegungsfreiheit hat. Auch wenn er eine neue Identität hat, wäre doch jeder Grenzübertritt ein Risiko, das er kaum eingehen würde. Eine Familiengründung hingegen würde die Tarnung eher verstärken.*

AUTOR: Meinen Sie, dass er noch Kontakte nach Linz und Umgebung hat?

LISSL: *Nein. Weder zu seinen ehemaligen „Damen", noch zu den damaligen Fluchthelfern.*

AUTOR: Apropos Flucht. Was wissen Sie eigentlich darüber?

LISSL: *Ohne ins Detail zu gehen: Die Planung ging von der Justizanstalt Stein aus. Wir haben auch die Flucht rekonstruiert und wissen heute, dass es eine Reihe von geheimen Stützpunkten in Oberösterreich gab. In Tschechien dürfte er rasch Unterschlupf gefunden und sich von dort abgesetzt haben.*

AUTOR: Stimmt es, dass die Fluchthelfer mehrheitlich Frauen waren?

LISSL: *Ja, das ist richtig. Offensichtlich hat Foco in der Justizanstalt viel Zeit gehabt nachzudenken darüber, wie man Menschen – vor allem Frauen – für seine Zwecke manipuliert.*

AUTOR: Was halten Sie von der Theorie, die der Vater von Foco einmal geäußert hat, dass seinem Sohn vom Linzer Rotlichtmilieu eine Falle gestellt worden ist und die Mörder ganz wo anders zu suchen wären.

LISSL: *Spannungen gab und gibt es im Rotlichtmilieu immer wieder. Das könnte natürlich auch bei Foco so gewesen sein. Wir gehen davon aus, dass er Elfriede Hochgatter anwerben wollte, für ihn zu arbeiten. Dass sie nicht darauf eingestiegen ist, bedeutete wahrscheinlich ihr Todesurteil.*

AUTOR: Glauben Sie noch daran, dass Foco eines Tages gefasst wird?

LISSL: *Meine Skepsis habe ich bereits geäußert. Wenn ihm nicht ein gravierender Fehler passiert, wird es ganz schwer sein.*

Ein Puzzle zerfällt, aber die Staatsanwaltschaft klagt wieder an!

Fassen wir das bisher Gelesene zusammen: Drei Personen sind eines gemeinschaftlichen Mordes an einer Prostituierten verdächtig und werden angeklagt. Zwei werden verurteilt, die Kronzeugin aber wegen „entschuldigenden Notstandes" freigesprochen. Pikant: Die beiden später Verurteilten beteuern vor Gericht ihre Unschuld, ihre Verurteilung basiert auf den Aussagen der Kronzeugin. Dann fällt das Puzzle zusammen. Der angebliche Mittäter Löffler wird freigesprochen und rehabilitiert, der zu lebenslanger Haft verurteilte Zuhälter Foco flieht bei einem Haftausgang an die Universität Linz. Die Kronzeugin fällt um, widerspricht der ursprünglichen Tatversion und sagt, ihr Geständnis sei durch Folter zustande gekommen.

Und obwohl damit praktisch nichts mehr zusammenpasst, erhebt die Staatsanwaltschaft erneut Anklage gegen Foco. Nicht nur Journalisten kommt diese Vorgangsweise eigenartig vor, auch die Grünen greifen diesen Fall in der oben erwähnten parlamentarischen Anfrage von „Gabriele Moser, Freundinnen und Freunde", auf. Bezugnehmend auf die Vorgangsweise der Staatsanwaltschaft nun die Antwort von Justizministerin Miklautsch vom Jänner 2005 im Wortlaut:

„Die Staatsanwaltschaft Linz hat im wieder aufgenommenen Verfahren neuerlich eine – sogar auf zusätzliche Beweise gestützte – Anklage eingebracht, in der sie sich umfassend mit sämtlichen Beweisergebnissen des ersten Rechtsganges und des wieder aufgenommenen Verfahrens auseinandersetzt. Das Oberlandesgericht Linz hat diese Anklage aufgrund eines Einspruches geprüft und mit Beschluss vom 30. August 2000 für zulässig erklärt. Dem Bericht der Oberstaatsanwaltschaft Linz zufolge liegen derzeit keine Anhaltspunkte vor, die den in der Anklage erhobenen Tatvorwurf entkräften bzw. in Frage stellen.
Da seit der Rechtskraft der zweiten Anklage keine Änderung der maßgeblichen Beweislage eingetreten ist, besteht für das Bundesministerium für Justiz kein Anlass, die Anklagebehörde zur Zurückziehung der Anklage anzuweisen. Gerade die Wahrung der Rechtsstaatlichkeit gebietet es, dass sich das zuständige Gericht mit den vorliegenden Beweismitteln auseinandersetzt und zu einem Urteil gelangt."

An dieser Stelle muss nochmals angemerkt werden, dass für Tibor Foco selbstverständlich die Unschuldsvermutung zu gelten hat.

Welche Umstände im Mordfall Elfriede Hochgatter werden immer wieder als Ungereimtheiten diskutiert?
Egal, ob die folgenden Punkte einen Einfluss auf die Causa Foco hatten oder nicht: Sie werfen ein hinterfragenswertes Bild auf die Arbeit von Linzer Kriminalpolizei und Justiz. Beide mussten und müssen sich einiges fragen lassen:

- Die Polizei soll schwere Ermittlungsfehler begangen haben:
Der immer wieder erhobene Vorwurf lautet, dass sich die Kripo zu schnell auf einen möglichen Täter fixiert habe. Foco, der Newcomer in der Szene, habe sich die Dienste einer Prostituierten, nämlich Hochgatter, sichern wollen. Als diese ablehnte, habe er sie misshandelt und die spätere Kronzeugin zum tödlichen Schuss auf Hochgatter gezwungen. Diese Theorie wurde vor allem durch die Belastungszeugin gestützt. Mit ihrem Widerruf stellt sich die Frage, ob die Polizei auch genug in andere Richtungen ermittelt hat. Etwa, ob Foco anderen aus der Rotlichtszene lästig gewesen sein könnte. Ein weiterer Kritikpunkt ist, dass die aufgefundenen Spuren nie richtig in Einklang mit den Aussagen der Belastungszeugin zu bringen gewesen sein sollen. Das betrifft vor allem die Blut- und Samenspuren, die weder von Foco noch von Löffler stammen konnten, aber unmittelbar vor oder während der Tat entstanden sein müssen. Fragwürdig ist aber auch die Würdigung mancher Indizien bzw. Umstände durch das Gericht.

- Ein ermittelnder Polizeibeamter heiratet die geschiedene Ehefrau von Foco:
Ein an den Ermittlungen im Mordfall Hochgatter beteiligter Polizeibeamter hat nach dem Prozess die geschiedene Ehefrau von Foco geheiratet. Laut Zeugenaussagen bestand bereits vor dem Mord eine Beziehung zwischen dem Polizeibeamten und der Ehefrau von Foco. Diese hatte ihrem Noch-Ehemann ursprünglich ein Alibi für die Tatzeit gegeben, dieses aber im Verhör durch den Polizeibeamten und ihren späteren Ehemann zurückgenommen und Foco damit belastet.

• Ein ermittelnder Beamter machte falsche Angaben vor Gericht:
Ein Ermittlungsbeamter hatte in der Hauptverhandlung als Zeuge angegeben, die Belastungszeugin in der Untersuchungshaft nie alleine, sondern immer mindestens zu zweit besucht zu haben. Aus einer Liste des Bundesministeriums für Justiz war jedoch zu entnehmen, dass der Beamte vier Besuche und sechs Ausführungen allein (!) bis unmittelbar vor der Hauptverhandlung, jedenfalls lange nach Abschluss der Voruntersuchung durchgeführt hat. In einer parlamentarischen Anfrage der Abgeordneten Partik-Pable an den Innenminister heißt es dazu ergänzend: „Die Falschaussage ist ev. auch im Zusammenhang mit den von Regina Ungar erhobenen Misshandlungsvorwürfen gegenüber den ermittelnden Polizeibeamten zu sehen."

• Ein ermittelnder Beamter hatte (zu) enge Kontakte ins Rotlichtmilieu:
Jener (mittlerweile verstorbene) Polizeibeamte, dem Falschaussagen vor Gericht vorgeworfen wurden, soll auch über das normale dienstliche Interesse hinaus gehende Kontakte zum Linzer Rotlichtmilieu gehabt haben. Unter anderem soll er in einem Fall als Trauzeuge für den Chef eines Nachtlokals fungiert und auch auf dem Boot eines seiner Geschäftspartner mehrere Yachturlaube konsumiert haben.

• Geschworene intervenieren für die Wiederaufnahme des Prozesses: Nach Abschluss des Prozesses, der durch verschiedene Aktionen (etwa eine zweifelhafte Veranschaulichung durch einen Gerichtsgutachter, aber auch durch mediale Vorverurteilungen und sonstige Umstände) zu einem viel kritisierten Spektakel ausartet, melden Geschworene immer wieder Zweifel an der Richtigkeit ihres Schuldspruches an und verlangen eine Wiederholung der Verhandlung. Unter anderem fühlen sich Geschworene vom damals vorsitzenden Richter mangelhaft oder falsch informiert.

• Die von der Kronzeugin gemachten und 1993 widerrufenen Aussagen machen – zusammen mit der Aufhebung des Urteils gegen Löffler – eine völlig andere Tatversion möglich, die von völlig anderen Tätern ausgehen könnte.

Interview:
„Am Sachverhalt hat sich nichts geändert!"

Um hier etwas Licht ins Dunkel zu bringen, ist es notwendig, den Sprecher der Staatsanwaltschaft Linz, Mag. Philip Christl, über die Sichtweise der Anklagebehörde in der Causa Foco zu befragen. Das folgende Gespräch fand am 9. April 2013 in Linz statt. Es ist selbstverständlich vom Interviewpartner autorisiert worden.

Staatsanwaltssprecher Christl: „Nichts geändert."
Foto: Blaichinger

AUTOR: Herr Magister Christl, offensichtlich hat die Staatsanwaltschaft beim Mordprozess Hochgatter eine Tatversion vertreten, die zwar zuerst zu einer Verurteilung geführt hat, dann aber so nicht haltbar war. Was sagt die Staatsanwaltschaft heute dazu?

CHRISTL: *Es bleibt beim selben Sachverhalt, da hat sich nichts geändert. Auch der Freispruch des so genannten Mittäters ändert daran nichts. Es ist einfach zu berücksichtigen, dass diese Person aus rechtlichen Gründen nicht Mittäter ist.*

AUTOR: Nehmen wir einmal an, der geflohene Foco ist tatsächlich unschuldig: Warum sollte er sich stellen, wenn die Staatsanwaltschaft im Jahr 2000 bereits wieder eine Anklage gegen ihn eingebracht hat?

CHRISTL: *Das können wir nicht beurteilen. Tatsache ist, dass er als Verdächtiger gesucht wird, für ihn aber natürlich die Unschuldsvermutung gilt.*

AUTOR: Es ist offensichtlich, dass es in dieser Causa einige Ungereimtheiten gibt. Möglicherweise käme da noch einiges zusätzlich ans Licht, würde der Entflohene zurückkehren. So gesehen könnte die weitere Anklage gegen Foco auch als taktische Maßnahme sehen, damit er eben nicht zurückkommt.

CHRISTL: *Das halte ich für reine Spekulation. Es gibt keine Ungereimtheiten, sondern lediglich teils widersprüchliche Aussagen, wie sie auch in zahlreichen anderen Fällen immer wieder vorkommen. Außerdem: Eine Anklage ist von der Staatsanwaltschaft zwingend einzubringen, wenn in einem Fall nicht weiter ermittelt werden kann und in einem Prozess eine Verurteilung wahrscheinlicher erscheint als ein Freispruch. Das ist im Mordfall Elfi Hochgatter der Fall.*

AUTOR: Von welchem Tathergang geht denn die Staatsanwaltschaft bei der neuen Anklage aus?

CHRISTL: *Wir gehen davon aus, dass der Tathergang so abgelaufen ist, wie er beim ersten Prozess verhandelt wurde. Nur mit der Einschränkung, dass eben der Mittäter nicht dabei war. Durch die Schmauchspuren der Waffe wird Foco jedenfalls weiter massiv belastet. Wir gehen aber auch davon aus, dass die Kronzeugin, die ja ihre ursprünglichen Aussagen widerrufen hat, bei der Tat dabei war.*

AUTOR: Wenn Löffler nicht der Mittäter war, muss man wahrscheinlich nach einem anderen suchen, denn Foco wird die zusammengeschlagene Elfi Hochgatter wohl kaum allein 200 Meter zum Bahndamm geschleift haben.

CHRISTL: *Immerhin war der verdächtige Foco nach den Ermittlungsergebnissen ja in Begleitung der Kronzeugin.*

AUTOR: Welche Erklärungen hat die Staatsanwaltschaft für die Spermaspuren an der Kleidung der Toten, die weder von Foco noch von Löffler stammen?

CHRISTL: *Kurz und bündig geantwortet: Die Staatsanwaltschaft geht davon aus, dass die Spermaspuren bei einer Prostituierten berufsbedingt angefallen sind.*

AUTOR: Welche Rolle spielt die Kronzeugin in der neuen Anklage? Sie ist zwar wegen „entschuldigenden Notstandes" freigesprochen worden. Trotzdem könnte man theoretisch von einer Tatbeteiligung ausgehen.

CHRISTL: *Wir gehen bei ihr tatsächlich von einer Tatbeteiligung aus. Da sie aber wegen rechtfertigenden Notstandes rechtskräftig freigesprochen wurde, kann sie grundsätzlich nicht mehr angeklagt werden, es sei denn im Wege einer Wiederaufnahme des Verfahrens. Das steht aber überhaupt nicht zur Debatte, und Spekulationen darüber wären reine Kaffeesudleserei.*

AUTOR: Bleiben wir noch kurz bei der Kronzeugin. Sie hat ja behauptet, die Polizei hätte sie gefoltert. Diese Vorwürfe haben sich nicht erhärtet. Aber zu einer Verleumdungsklage ist es auch nicht gekommen. Warum eigentlich nicht?

CHRISTL: *Dazu muss man sagen, dass Frau Ungar Vorwürfe erhoben hat, die bereits verjährt waren. Aus diesem Grunde wurde zwar der Verdacht der Verleumdung geprüft, das Verfahren jedoch aus rechtlichen Gründen eingestellt.*

AUTOR: Keine schlechte Taktik, oder?

CHRISTL: (schweigt, dann nach einer Pause): *Gegen die Kronzeugin ist aber noch ein Verfahren wegen falscher Beweisaussage offen.*

AUTOR: Und noch eine Frage zur einstigen Kronzeugin Ungar: In ihrem Widerruf versucht sie auch Foco zu entlasten. Die Staatsanwaltschaft sieht aber in Foco den Täter. Wie oft darf man eigentlich lügen, bis man ein ernsthaftes Problem mit der Staatsanwaltschaft bekommt?

CHRISTL: *Die Frage ist angesichts dessen, was ich gerade gesagt habe, obsolet.*

AUTOR: Wie schätzt die Staatsanwaltschaft die Arbeit der Polizei insgesamt in diesem Fall ein? Vor allem unter dem Gesichtspunkt, dass zahlreiche Vorwürfe im Raum stehen!

CHRISTL: *Die Polizei hat nach den damals üblichen Methoden und technischen Möglichkeiten penibel und korrekt recherchiert. Es gibt seitens der Staatsanwaltschaft keinerlei Ungereimtheiten zu bemängeln.*

AUTOR: Nehmen wir an, es kommt irgendwann noch zu einem Prozess gegen Foco: Da viele Zeugen von damals tot sind, würde das wohl auf einen Indizienprozess hinauslaufen, oder?

CHRISTL: *Im Prinzip ist jeder Prozess, in dem ein Angeklagter nicht geständig ist, ein Indizienprozess. Zeugenaussagen von mittlerweile verstorbenen Personen können im Prozess verlesen werden, weiters werden alle Gutachten und sonstigen kriminaltechnischen Erkenntnisse mit einbezogen.*

AUTOR: Was würden Sie dem flüchtigen Foco auf diesem Weg von Seite der Anklagebehörde ausrichten wollen?

CHRISTL: *Es ist nicht Aufgabe der Staatsanwaltschaft, jemandem etwas zu empfehlen. Das ist Sache des Verteidigers oder der Verteidiger.*

Zweifel bleiben.

Da ich nach wie vor Zweifel habe, ob Tibor Foco tatsächlich der Mörder von Elfriede Hochgatter ist, versuche ich, ein Interview von dem bekannten em. Universitätsprofessor für Strafrecht an der Universität Linz, Dr. Herbert Wegscheider (67), zu bekommen. Professor Wegscheider hatte als Strafverteidiger seinerzeit eine Wiederaufnahme des Prozesses gegen Peter Löffler erreicht und letztlich auch dessen Freispruch erkämpft.
Das Interview mit Professor Wegscheider führte der Autor am 1. 7. 2013 in Linz. Es ist autorisiert.

Interview:
„Der schwerwiegendste Justizskandal der Zweiten Republik!"

AUTOR: Herr Universitätsprofessor, ich weiß jetzt nicht wirklich, wie ich das Gespräch beginnen soll...

WEGSCHEIDER: *...Karl Valentin hat einmal gesagt: Beginnen wir einfach mit dem Anfang. Aber Spaß beiseite. Dann beginne eben ich. Ein Kriminalist würde jetzt vielleicht über die Ermittlungen im Mordfall Hochgatter und deren Ergebnisse reden können. Als Jurist kommt mir eine andere Rolle zu. Ich kann einschätzen, wie ein Geschworenengericht bestimmte Beweise oder Indizien würdigen dürfte. Und da muss ich sagen, dass ich überzeugt bin, dass Tibor Foco zu Unrecht verurteilt wurde.*

AUTOR: Wie kamen Sie eigentlich mit der ganzen Angelegenheit in Berührung?

Herbert Wegscheider
Bild: Privat

WEGSCHEIDER: *Ich war im Geschworenenverfahren nicht dabei. Erst als es schon so ziemlich aussichtslos war, hat mich der Journalist Peter Römer einmal gebeten, dass ich mir die Akten anschaue. Was ich da gesehen habe, hat mich bewogen, mich in der Sache zu engagieren.*

AUTOR: Was hat Sie denn so schockiert?

WEGSCHEIDER: *Foco hat ja immer seine Unschuld beteuert. Einem Menschen, der von sich sagt, unschuldig zu sein, als Anwalt (Dr. Alois Heigl, Anm. des Verfassers) zu empfehlen, sich kooperativ zu verhalten und bei einem Lokalaugenschein selbst den Tathergang vorzuzeigen, halte ich schlicht für hirnrissig. Welchen Eindruck das auf die Geschworenen machen musste, kann sich jeder ausmalen.*
Und ein weiteres Beispiel: Das Mordopfer hat kurz vor ihrem Tod eine Lebensversicherung zugunsten ihres damaligen Zuhälters abgeschlossen. Der Mann wurde zwar von der Polizei im Beisein des vorsitzenden Richters (Dr. Johann Koller, Anm. des Verfassers) befragt, nicht aber im Gerichtssaal. Bei der Vernehmung wolle er nichts sagen, im Gerichtssaal schon. So oder so ähnlich soll sich der Mann geäußert haben.

Es ist nach der Strafprozessordnung unzulässig, dass der Vorsitzende in einem Geschworenenprozess selbst Ermittlungen führt und auch noch selbst über ihre Verwertbarkeit bei Gericht entscheidet. Darüber hinaus ist es sehr rätselhaft, dass dieser wichtige Mann nicht als Entlastungszeuge von der Verteidigung des Tibor Foco beantragt wurde. Insgesamt sage ich, dass Tibor Foco nur deshalb verurteilt werden konnte, weil die damalige Verteidigung sehr ungeschickt agierte.

AUTOR: Herr Professor, Sie haben eine Wiederaufnahme des Verfahrens gegen Peter Löffler erreicht und für ihn einen Freispruch erkämpft. Ein langer Kampf!

WEGSCHEIDER: *Ja, es war ein zähes Ringen und ging ein paar Mal zwischen Landesgericht Linz und Oberlandesgericht Linz hin und her. Ich hatte eigentlich immer den Eindruck, dass das Interesse an einer Wahrheitsfindung zugunsten von Löffler nicht sehr groß war. So gab es im Wiederaufnahmeverfahren einen Zeugen, der behauptete, in einem Postamt in der Linzer Frankstraße von Löffler den Satz „Gestern hamma ane hamdraht", gehört zu haben. Ich habe die Glaubwürdigkeit des Zeugen, der ein Bekannter eines der ermittelnden Polizisten war, erschüttert, so dass ihm auch die Geschworenen nicht glaubten.*

AUTOR: Man kann also zusammenfassend heute sagen, Peter Löffler war nicht an der Tat beteiligt.

WEGSCHEIDER: *Richtig. Er war nicht dabei und hat das auch immer gesagt.*

AUTOR: Wenn Löffler nicht an der Ermordung der Elfriede Hochgatter beteiligt war, dann muss jemand anderer dabei gewesen sein.

WEGSCHEIDER: *So ist es. Ich denke, es müsste ein kräftiger Mann gewesen sein. Immerhin war die Geschundene rund 200 Meter an jene Stelle geschleppt worden, wo sie dann erschossen wurde.*

AUTOR: Wie schätzen Sie die Sache Foco insgesamt ein?

WEGSCHEIDER: *Ein endgültiges Ja oder Nein zur Tatfrage kann ich nicht geben. Aber: Wenn Foco wollte, dass die Frau Hochgatter für ihn als Prostituierte arbeitet und sie das nicht will, dann ist es schon möglich, dass Gewalt als Druckmittel eingesetzt wird. Aber welchen Sinn hätte es für einen, der im Milieu das schnelle Geld verdienen will, einen Mord zu begehen? Foco hätte sich ausrechnen können, dass die Spur gleich zu ihm führt. Für mich fehlt hier die innere Logik.*

AUTOR: Aber die Schmauchspuren an seiner Hand...

WEGSCHEIDER: *Da sage ich auch ganz klar: Schmauchspuren deuten nur darauf hin, dass jemand wahrscheinlich irgendwann einmal mit einer Waffe geschossen hat. Theoretisch könnten sie auch vom Hantieren am Auspuff eines Motorrades stammen. Die Schmauchspuren sind jedenfalls wertlos, so lange die Tatwaffe nicht da ist. Und die wurde bis heute nicht gefunden.*

AUTOR: Hinsichtlich einer Rückkehr des Tibor Foco nach Österreich hat der Sprecher der Staatsanwaltschaft Linz gesagt, eine Empfehlung zur Rückkehr zu geben, sei Sache der Verteidigung. Wie sehen Sie das?

WEGSCHEIDER: *Ich hatte ja schon freies Geleit bei einer Rückkehr zu einem erneuten Prozess mit dem Justizministerium ausgehandelt. Aber man kann nicht jemandem freies Geleit versprechen und andererseits überall Fahndungsplakate mit dem Vermerk, Foco wäre bewaffnet und gefährlich, hängen lassen. Foco hat mich angerufen und gesagt, er würde nicht kommen, weil er Angst hätte, erschossen zu werden. Ich kann das durchaus verstehen.*

AUTOR: Wenn Foco nicht der Mörder der Elfriede Hochgatter ist, was wäre dann aus Ihrer Sicht naheliegend? Eine gezielte

Aktion des Rotlichtmilieus, um einen Quereinsteiger wieder los zu werden?

WEGSCHEIDER: *Ich will da keine Vermutungen anstellen. Mir hat Foco einmal erzählt, dass es damals zwischen Rotlicht und Polizei stille Absprachen gab, wo ab und an auch ein paar Tausender die Besitzer gewechselt haben sollen. Tibor Foco habe hingegen den Polizisten erklärt, dass er dafür nicht zu haben sei. Überhaupt hat er versucht, mit neuen Methoden Eingang in den Sexmarkt zu finden. Man braucht nicht allzu viel Phantasie, um hier das eine oder andere Motiv zu finden.*

AUTOR: Ich darf zusammenfassen, Herr Professor. Sie halten daran fest, dass Tibor Foco zu Unrecht verurteilt wurde?

WEGSCHEIDER: *Ja, ich gehe sogar noch einen Schritt weiter. Ich halte diesen Fall für den schwerwiegendsten Justizirrtum in der Geschichte der Zweiten Republik.*

AUTOR: Eine letzte Frage: Glauben Sie, dass Tibor Foco einmal nach Österreich zurückkehrt?

WEGSCHEIDER: *Freiwillig sicherlich nicht. Vielleicht ist auch tatsächlich besser für ihn, wenn er nicht kommt.*

Vom Fehlen einer inneren Logik.

Es ist sinnvoll, dass Ermittlungsverfahren geheim und ohne Öffentlichkeitsarbeit geführt werden. Was dennoch den Weg in die Öffentlichkeit bzw. in die Medien findet, ist meist nur fragmentarisch und führt nur zu leicht zu falschen Schlüssen. Während auf der einen Seite die Staatsanwaltschaft durchaus nachvollziehbar argumentiert, bleiben für mich Zweifel im Detail. Etwa, was die Spermaspuren auf der Kleidung der Toten betrifft. Eine Frau hat kurz vor ihrem Tod noch „berufsbedingten“ Geschlechtsverkehr, dann wird sie getreten, geschlagen und landet mit schweren Knochenbrüchen auf einem Bahndamm, wo sie ihr tragisches Ende findet. „Berufsbedingter" Sex kurz vor dem Tod? Wenn sie nicht im Bunny Club anschaffen wollte, warum und mit wem, auch wo hatte sie vorher Sex? Und was ist mit Peter Löffler? Wenn der Mann nicht bei der Tat dabei war (was er ja immer behauptet hat), sind wieder viele Fragen zum Tathergang offen. Manches Mosaiksteinchen will für mich einfach nicht so recht passen. Die Staatsanwaltschaft spielt ihre Trümpfe noch nicht aus, das ist verständlich. Der em. Strafrechtsprofessor Herbert Wegscheider hält den Fall Foco für den schwerwiegendsten Justizirrtum in der Geschichte der Zweiten Republik. Dass rund um den Mordfall Hochgatter bzw. den Mordprozess gegen Foco und Löffler gepfuscht wurde, fällt tatsächlich auf. Und auch mir fehlt es in diesem Fall an der inneren Logik. Warum sollte Foco, dessen Ziel das schnelle Geld war, einen Mord begehen, weil ein Mädchen nicht für ihn anschaffen wollte. Er hätte sicher auch andere Prostituierte für seinen Club finden können. Andererseits: Foco galt als einer, der Frauen gern hart anfasste und keinerlei Widerspruch duldete. Aber Mord?

Für Gerechtigkeit ist es nie zu spät. Dazu müssen alle beitragen. Ausnahmslos alle. Ist Foco der wahre Täter, muss er wieder hinter Gitter. Ist er aber nicht der Mörder, so gebührt ihm in vollem Umfang Rehabilitation. Dazu wäre ein faires Verfahren notwendig. Die derzeitigen Umstände tragen allerdings nicht dazu bei, dass dieses jemals stattfinden kann.

Vermisst in Südafrika.

Friedrich Heisler, ein vermögender, 1940 in Wien geborener Juwelier, der in Zell am See wohnhaft ist, fliegt am 10. August 2007 auf Wellnessurlaub nach Südafrika. Mit dabei ist seine Internetbekanntschaft, die Deutsche Katharina Freifrau von L.-E. (auch bekannt als „Baronin"). Für ihn wird der Trip zu einer Reise ohne Rückkehr, für sie gilt die Unschuldsvermutung.

Ein letzter Blick aus dem Flieger der South African Airlines, Kursflug SA 265 M. Gleich wird die Maschine, ein Airbus A340, landen. Der Johannesburg International Airport gehört zu den am meisten frequentierten Flughäfen der Welt.
Johannesburg ist nicht – wie oft irrtümlich angenommen – die Hauptstadt von Südafrika (die heißt Pretoria), sondern die Hauptstadt der Provinz Gauteng. Mit knapp vier Millionen Einwohnern ist sie aber die größte Metropole im südlichen Afrika.

Friedrich Heisler. Foto: Polizei

Vielleicht hat Friedrich Heisler, der 172 cm große und eher korpulente Mann mit Teilglatze gleich nach der Landung noch den Blick gegen die Sonne gerichtet, gelächelt ob der angenehm warmen Sommertemperaturen von durchschnittlich 26 Grad. Im Winter liegen die Temperaturen bei rund 12 Grad, nachts können sie auch mal unter den Gefrierpunkt fallen.
Johannesburg gilt als gefährlichste Stadt der Welt. Und das, obwohl die Kriminalität durch enorme Anstrengungen der Stadt zurückgegangen ist. Verstärkte Videoüberwachungen auf Straßen und Plätzen sind nur ein Beispiel für diese Maß-

nahmen. Leider ist das Sinken der Kriminalitätsrate nur ein vorübergehender Effekt, derzeit kämpft Südafrika vor allem mit organisierter Kriminalität und Überfällen von Gruppen und Banden. Dass man in manchen Stadtteilen von Johannesburg einen Mord samt sicherer Entsorgung der Leiche in Auftrag geben kann wie man anderswo eine Pizza bestellt, ist eine traurige Realität in Johannesburg und seinem Umland. Die Kosten dafür sollen bei wenigen hundert Euro liegen.

Rückblende.
Auf der Suche nach einer neuen Beziehung.

Mit seiner Frau lebte Friedrich Heisler im Salzburgischen, in einem schönen Haus in Zell am See.

Er erlitt 2004 einen leichten Schlaganfall, war seither auf Medikamente und ärztliche Kontrollen angewiesen. Die Gattin starb am 30. Juli 2006. Nach kurzer Trauerphase begibt sich Heisler, der nicht allein leben will, wieder auf die Suche nach einer Beziehung. Per Internet.

Heislers Villa in Zell am See. Foto: Blaichinger

In einer Kontaktbörse lernt er Dunja kennen, eine damals 35jährige in Deutschland aufhältige Kubanerin. Sie ist hübsch, das gefällt dem pensionierten Juwelier. Aber sie kostet Geld, liegt ihm sozusagen auf der Tasche, was Heisler gar nicht gefällt. Er, der in seinem Verwandten- und Bekanntenkreis als „Geizkragen“ bekannt ist, würde lieber eine Frau kennen lernen, die selbst vermögend ist. Das wäre besser. Und billiger. Und so sucht er weiter im Internet und stößt bereits im Jänner 2007 auf eine andere Dame. Ihre elektronische Botschaft ist ganz nach dem Geschmack des Juweliers: Aus Franken stamme sie, aus altem Adel, und mit 150.000 Euro Monatseinkommen sei sie auch entsprechend begütert. Und in einer weiteren E-Mail, die Salzburger Kriminalisten später analysieren werden, heißt es wörtlich: „Ich freue mich auf ein geordnetes, ruhiges Leben mit Katzen (Heisler ist Katzenfreund, Anm.d.Verfassers) und ein bisschen Erotik."

Ihr erster Besuch in dem Haus des Juweliers in Zell am See lässt nicht lange auf sich warten. Schon im Mai 2007 ist es so weit. Offensichtlich strahlt die Frau, die in den niederen deutschen Landadel eingeheiratet hatte, ein Charisma aus, das Heisler sofort fasziniert. Und das, obwohl sie optisch nicht mit besonderen Reizen locken kann. Rupp Doinet schreibt in der Ausgabe 3/2010 des STERN: „Katharina L. ist keine Frau, nach der Männer sich umdrehen – mittelgroß, mittelschlank, mittelmäßig." Was Heisler damals nicht weiß: Die Frau trägt nicht nur ein dunkles Geheimnis, sondern gleich mehrere mit sich.

Deutschland

Verschollen im Liebesurlaub

Erst sprach sie von Vertrauen und sanfter Erotik. Dann flog die fränkische „Baronin" mit ihrem Geliebten in die Ferien – und kehrte allein zurück. Wie eine frühere Stasiagentin einen reichen Juwelier ausnahm und am Ende möglicherweise umbringen ließ

STERN Ausgabe 3/2010

Faksimile: Blaichinger

Ein Blick auf das frühe Leben der späteren Freifrau von L.-E.: Katharina L.-E. ist Jahrgang 1953. Sie wird am 28. Mai in Chemnitz (früher Karl Marx-Stadt) in Sachsen als Erika S. geboren. Teils wächst sie in Heimen der DDR auf. Noch als junges Mädchen lernt sie ihren ersten Mann, den Diakon Helfried K., kennen. Nach der Hochzeit nennt sich Erika S. nun Katharina K. Ihre Vita ist nichts für schwache Nerven, und ihre Biografie bekommt rasch schwarze Flecken. Die SALZBURGER NACHRICHTEN enthüllen eine Stasi-Vergangenheit der Dame, und auch einem Bericht der KRIMINALPOLIZEI, der Fachzeitschrift der Vereinigung österreichischer Kriminalisten (Ausgabe April/Mai 2009) zufolge, hat sie „zu Zeiten der DDR als Stasi-Spitzel als ‚Inoffizielle Mitarbeiterin für Sicherheit' (IMS) und besonders als ‚Inoffizielle Mitarbeiterin zur unmittelbar in Verdacht der Feindtätigkeiten stehender Personen und zur Bearbeitung feindlicher Stellen und Kräfte' (IMB)" gearbeitet.

Laut Gauck-Behörde, jener Stelle, die nach der Wende 1989 für die Aufarbeitung des DDR-Unrechts zuständig war, soll es in Ihrem 228 Seiten umfassenden Akt eine eigenhändig unterschriebene Bereitschaftserklärung der späteren Freifrau gegeben haben, für das Ministerium für Staatssicherheit (MfS) der DDR tätig zu sein.

Die STASI-Akte der späteren „Baronin" umfasst 228 Seiten.

Faksimile: Blaichinger/Quelle: SN

Zwischen 1982 und November 1989 habe sie unter dem Decknamen IMB Elisabeth Herberg kirchliche Gruppen, Amtsträger und Künstler bespitzelt, darunter auch ihren eigenen, in der evangelischen Kirche tätigen, Gatten.

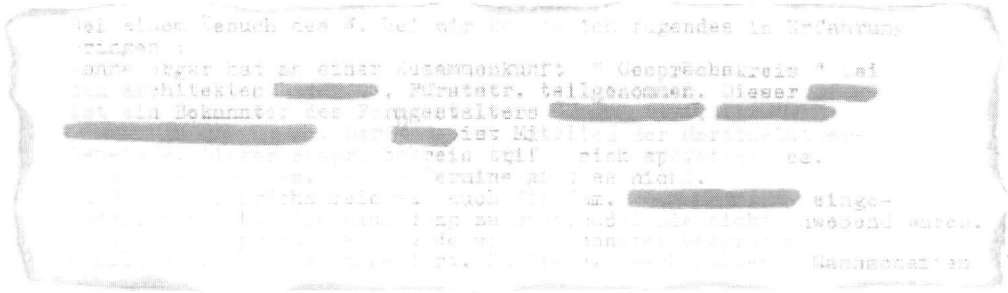

Auszug aus „Ermittlungstätigkeiten" der IMB Elisabeth Herberg.

Faksimile: Blaichinger/Quelle: SN

Leistete einen wertvollen Beitrag, um die „Baronin" ins richtige Licht zu rücken: SN-Redakteur Heinz Bayer. Foto: SN

Der Journalist Heinz Bayer (SALZBURGER NACHRICHTEN) zitiert im Zuge seiner engagierten Recherchen aus dem Abschlussbericht vom November 1989 der Stasi-Akte K. (alias Herberg). Hier heißt es unter dem Vermerk STRENG GEHEIM: „Der IM arbeitete engagiert und mit Eigeninitiative, welche in bestimmten Situationen über das eigentliche Ziel hinausgingen.

Durch den IM wurde bei einem Telefonat am 14. November 1989 mitgeteilt, dass er keine Notwendigkeit für eine Zusammenarbeit mehr sieht." Damit ist die Spitzeltätigkeit beendet. Dass die Dame als Stasi-Spitzel bei den Montagsdemos in Dresden in vorderster Reihe gesehen worden ist (und diese nach Medienberichten auch selbst mitorganisierte, um der

Staatsmacht eine Möglichkeit zum Eingreifen gegen Andersdenkende zu liefern) und später bis zur Aufdeckung ihrer IMB-Vergangenheit sogar CDU-Kreisrätin war, rundet das Bild ab. Ihr erster Mann, der Diakon K., stirbt 1989 angeblich an Krebs. Gerüchte, wonach bei seinem Tod etwas nachgeholfen wurde, wollen lange nicht verstummen.

Männer.

Die spätere Freifrau von L.-E. heiratet abermals, doch diese Ehe wird nach wenigen Jahren geschieden. Aber wer sucht, der findet immer wieder. Diesmal ist es eine Zeitungsanzeige, welche Katharina K. auf einen Adeligen, einen 1944 geborenen „Freiherrn", aufmerksam macht. Wahrscheinlich ist es nicht nur persönliches Zugetansein, das für diese Verbindung entscheidend ist, sondern auch der bei einer Heirat zu erwartende Titel einer „Freifrau". Salzburger Kriminalisten werden später herausfinden, dass sich K. sogar erkundigt, ob ihr der Adelstitel auch bei einem eventuellen Tod des (elf Jahre älteren) Freiherrn erhalten bleiben würde. Die adelige Hochzeit erfolgt 2001 in Südafrika, wo der Freiherr mit Blumenzwiebeln handelt. „Offenbar kein besonders gutes Geschäft", mutmaßt Rupp Doinet im STERN, „denn das Paar gab die Blumenzwiebeln auf und verließ Südafrika Richtung Coburg, Bayern, um eine Hausverwaltung zu eröffnen."

Nachweislich betrügt die Freifrau – was grundsätzlich nicht strafbar ist, aber viel über den Charakter aussagt – ihren Ehemann. Als „Eva sucht ihn" findet sie schließlich einen Mann aus Heilbronn. Dem lockt sie Mitte 2006 nicht weniger als 76.000 Euro heraus, wofür dieser sogar einen Freund um einen Kredit bittet. Eine kurzfristige Geldleihe solle es sein, für den Kauf eines Liebesnestes, weil sie aktuell nicht an ihr längerfristig gebundenes Vermögen von 1,8 Millionen Euro gelangen könne. So ihre nicht wirklich überzeugende, aber doch wirksame Argumentation. Später einigt man sich außergerichtlich, der betrogene, vor allem aber genervte Mann sieht aber nur 15.000 Euro von dem Geld wieder.

Überfall in Südafrika.

Der KRIMINALIST berichtet von einem äußerst mysteriösen Überfall auf den Freiherrn am 10. Jänner 2007 in Kapstadt. „Er (der Freiherr, Anm. d. Verfassers) hatte sich angeblich auf einem Markt in der südafrikanischen Stadt von seiner Gemahlin verabschiedet und wurde wenige Meter abseits der Marktstände niedergeschlagen, so dass er längere Zeit bewusstlos war. Mit schweren Kopfverletzungen schleppte er sich zu einem Haus, wurde erst nicht eingelassen, weil in Südafrika die Kriminalität extrem hoch ist und unangekündigte Gäste im Regelfall Verbrecher sind. Letztlich fand der Deutsche Zuflucht bei Studenten und wurde gerettet. Er verbrachte mehrere Wochen im Krankenhaus und war mehrere Monate nicht so weit transportfähig, dass er zurück nach Deutschland hätte fliegen können."

Salzburger Ermittlern liegen heute schriftliche Berichte vor, wonach die Freifrau sich wenig später mit Blumen und Geld bei den damals befassten Polizisten bedankt und gleichzeitig erfolgreich um die Beseitigung des Aktes gebeten habe. Tatsächlich gibt es heute bei der Polizei in Kapstadt keinen Akt mehr über den Überfall vom 10. Jänner 2007.

Am 9. März 2007 hält sich das adelige Paar in einem der bestbewachten Hotels der Stadt Johannesburg auf. Dort hat später u.a. die deutsche Fußball-Nationalmannschaft während der Weltmeisterschaft 2010 genächtigt. Möglicherweise ist es hier zu einem Säureattentat gekommen. Nur wie? In einer Hotelanlage, die gesichert ist wie Fort Knox? Jedenfalls finden sich auf dem Boden in ihrem Hotelzimmer Glasscherben und eine verschüttete weiße, klebrige Masse. Beide kommen mit der Masse in Berührung und erleiden Verätzungen an Händen und Gesicht. Die Umstände dieses Vorfalls werden ebenfalls nie geklärt.

Friedrich Heislers Wellness-Trip ohne Rückkehr.

Zurück nach Zell am See. Wie erwähnt dürfte Heisler schon beim ersten Besuch der Freifrau in seinem Haus völlig fasziniert von ihr gewesen sein. Nachbarn stellt er sie als „Baronin" vor. Heisler erzählt seiner neuen Bekanntschaft von seiner Absicht, ein Porsche Carrera Cabrio zu kaufen. Da habe sie gute Beziehungen, sagt die Freifrau sinngemäß und bietet ihre Vermittlungsdienste an, die der pensionierte Juwelier gern in Anspruch nimmt. Er überlässt ihr knapp 100.000 Euro für den Kauf des Porsche, die sie allerdings nicht dafür verwendet, sondern mit angeblichen 11 Prozent (!) Verzinsung „veranlagt". Dem Juwelier legt sie eine gefälschte Bestätigung vor. Gleichzeitig verspricht sie ihm, sie werde ihn in die adelige Gesellschaft Dresdens einführen.

Dass Heisler einer Wirtin davon erzählt und ihr auch den Überweisungsbeleg zeigt, wird später noch eine unglaubliche Bedeutung bekommen.

Anfang Juli 2007 erzählt Heisler Nachbarn freudig von einer geplanten Wellnessreise, zu der ihn die „Baronin" einladen wolle. Das Reiseziel sei eine Überraschung. Hätte er von dem Reiseziel Südafrika vorher gewusst, wäre seine Freude wahrscheinlich nicht ungetrübt gewesen, ist er doch nach dem Schlaganfall gesundheitlich angeschlagen und auch in seiner Mobilität (er kann schlecht gehen) eingeschränkt. Ein Langstreckenflug unter diesen Umständen ist auch eher als ein mit Risken verbundenes Wagnis einzuschätzen. Darüber hinaus gilt Heisler als Reisemuffel, der seine „Kinder" (gemeint sind seine drei Siam-Katzen) wohl kaum einmal allein gelassen hätte. Doch diesmal besorgt er eine Katzensitterin.

Am 6. August bucht die Baronin via Internet zwei Flugtickets für den 10. August von München nach Johannesburg. Ihr Rückflugticket ist bereits für den 13. August gebucht, das von Heisler für den letztmöglichen Tag innerhalb der Aufenthaltserlaubnis für Touristen.

Vor Reiseantritt geschehen noch zwei seltsame Dinge, beide am Tag des Verschwindens von Heisler, dem 10. August 2007: Katharina L.-E. kommt in Begleitung Heislers zum Meldeamt des Gemeindeamtes Zell am See und meldet ihren Wohnsitz im Haus des Juweliers an. Ein Bediensteter des Amtes, der Friedrich Heisler kennt, gibt später zu Protokoll, der Juwelier habe einen „seltsam abwesenden" Eindruck gemacht. Das gleiche Gefühl hat ein weiterer Zeuge, der Heisler beim Einladen der Koffer in seinen Luxus-Geländewagen sieht. Weiters: Die Baronin wird später erhebliche Geldsummen von den Konten Heislers abheben bzw. auf andere Konten überweisen, weil sie über Blankounterschriften des Juweliers auf Überweisungsbelegen verfügt. Und nicht nur das. Sie kann auch eine Generalvollmacht über sein gesamtes Vermögen vorweisen, ebenfalls ausgestellt am 10. August.
Kriminaltechniker stellen später anhand eines sichtbar gemachten Durchdrucks fest, dass es auch eine Generalvollmacht ihres „Vermögens" zugunsten Heislers gegeben haben muss. Aufgetaucht ist diese allerdings bis heute nicht.

Heisler und die Freifrau machen sich auf den Weg nach München. Er sitzt am Steuer, sie daneben. Am Irschenberg auf der A 8 fährt er mit seinem Lexus in eine stationäre Radaranlage der bayrischen Polizei. In München hebt er mit seiner Kreditkarte noch 1000 Euro ab. Dann steigen beide in den Flieger. Sie sitzen nicht nebeneinander. Möglicherweise eine bei der Buchung von der Freifrau bewusst gesetzte Maßnahme, um nicht als Paar identifiziert zu werden, vermutet man bei der Polizei.

Die Freifrau kehrt allein zurück.
Schon am 13. August sitzt Katharina L.-E. wieder im Flieger. Diesmal ist sie allein. Sofort nach der Landung in München fährt sie per Mietwagen nach Zell am See. Und wieder geschehen seltsame Dinge. Nachbarn beobachten, dass die Dame offensichtlich Kartons in ihrem Fahrzeug verstaut. Später wird sich herausstellen, dass es sich dabei um Wertgegenstände ver-

schiedenster Art aus dem Haus Heislers handelt. Viele hatte er in seinem zwei Safes gebunkert, wobei der größere mit einem Gewicht von rund einer Tonne im Keller des Hauses steht und mit einem Nummerncode und einer Alarmanlage gesichert ist. Katharina L.-E. weiß die Nummerncodes und räumt beide Safes aus, wobei sie einmal versehentlich die Alarmanlage auslöst. Den alarmierten Polizisten erzählt sie, eine Katze habe den Alarm ausgelöst. Da sie selbst im Haus ihren offiziellen Wohnsitz hat, rücken die Polizisten wieder ab.

Der Katzensitterin und einem Freund Heislers in Klosterneuburg tischt die „Baronin“ folgende Geschichte auf: Heisler sei seiner offensichtlich von ihm schwangeren Freundin Dunja nach Kuba nachgereist. Sie selbst wisse nichts Näheres und habe nur geschäftliche Beziehungen zu Heisler gehabt. Von einer Urlaubsreise keine Spur. Glaubwürdig klingt das alles nicht, aber es ist nicht zu widerlegen. Vorerst weiß niemand, ob Heisler nicht wirklich in Kuba ist.

Inzwischen bedient sich die Freifrau an Heislers Vermögen. Am 16.8. bucht sie von einem Konto Heislers in Zell am See nicht weniger als 132.250 Euro um, davon 14.750,60 Euro auf ein Konto ihres jüngsten Sohnes. Als Überweisungsgrund vermerkt sie „Hauskauf“.

Andere Wertgegenstände, wertvolle Uhren, Bargeld, Schmuck und sogar ein Original von Ferdinand Waldmüller im Wert von 70.000 Euro landen in Coburg (Bayern). Dort ist die Dame ja noch immer mit dem echten Freiherrn von L. verheiratet. Ihm erzählt sie von einer Erbschaft in der Schweiz, die sie nun gemacht habe. Er glaubt ihr. Schon vorher hat er ihr immer geglaubt, wenn sie etwa ihre häufige Abwesenheit mit der zu erwartenden Erbschaft begründete oder für den Südafrika-Trip mit Heisler eine längere Zahnbehandlung in der Schweiz vorschob. Man kann sich vorstellen, dass der Mann völlig verzweifelt ist, als er von dem Doppelleben seiner Frau erfährt. Am 26. Mai 2008 greift er zum Gewehr und macht seinem Leben ein Ende.

Am 13. September überweist die „Baronin“ 50.000 Euro von einem Konto Heislers Behandlungskosten an einen Zahnarzt. Wieder mit der (Blanko)Unterschrift Heislers auf dem Überweisungsbeleg.
Zwei Tage später wundert sich die Internistin, bei der Heisler in Behandlung ist, dass er einen Termin am 15. September nicht wahrnimmt. Der Juwelier braucht Medikamente, die für ihn lebenswichtig sind.

Einschub 1:
„Herr Fritz möchte heute nichts bestellen.“
Die folgende Begebenheit kann wohl als Sahnehäubchen auf einer unappetitlichen Melange an krimineller Energie gelten. Der KRIMINALIST (S.45) berichtet: „Zweimal hielt ein Vertreter der Lebensmittelfirma Bofrost beim Haus Friedrich Heislers, der zu den Stammkunden zählte. Beide Male soll der Bofrost-Fahrer die ‚Baronin' angetroffen haben. In einem Fall soll sie gesagt haben: ‚Warten Sie, ich frage Herrn Fritz, ob er etwas bestellen möchte – er ist gerade im Keller.' Die ‚Baronin' rief angeblich den Namen ins Haus. ‚Der hört mich nicht, warten Sie.' Die Frau verschwand kurz im Haus, kam wieder, mit der Nachricht von Herrn Heisler, ‚Herr Fritz möchte heute nichts bestellen.'“
Dazu muss angemerkt werden, dass Heisler gar nicht im Haus sein konnte. Es gibt keinen Hinweis, dass er jemals wieder aus Südafrika ausgereist wäre.

Offensichtlich versucht die Freifrau, ihre Aufenthalte im Haus Heislers rechtfertigend zu erklären und kontaktiert dabei die Schwägerin Heislers in Kitzbühel. Am Abend des 17. September steht sie vor ihrem Haus und zeigt ihr die Vollmacht Heislers. Die Schwägerin kann auf dem Papier keine Anzeichen einer Fälschung entdecken, verständigt aber dennoch am nächsten Tag die Polizei. Diese sucht die „Baronin“ auf und nimmt nach kurzer Einvernahme eine Niederschrift auf.

Möglicherweise wird der Frau der Boden im schönen Salzburger Land jetzt zu heiß, und sie versucht, die Angelegenheit hinter sich zu lassen. Doch dafür ist es zu spät. Vor allem wegen des Misstrauens der Schwägerin.

Abgängigkeitsanzeige. Wo ist Friedrich Heisler?

Die Schwägerin Heislers erstattet am 1. Oktober 2007 bei der Polizeiinspektion Zell am See die Abgängigkeitsanzeige. Aber was tun? Ein erwachsener Mensch kann tun und lassen, was er will. Er braucht sich nicht an- oder abzumelden. Zwei Tage später landet die Sache Heisler im Assistenzbereich Fahndung des Landeskriminalamtes Salzburg. Die Freifrau wird erneut vernommen, wiederholt ihre gegenüber den Polizisten der PI Zell am See getätigte Aussage und legt eine E-Mail vor, die sie angeblich am 19. September von Heisler aus Kuba erhalten haben soll. Doch die Polizei zu unterschätzen, ist ein Fehler, den viele Täter machen. Interpol stellt fest, dass Heisler nicht in Kuba eingereist ist. Und die E-Mail wird als Fälschung enttarnt.

Zwei Kriminalisten lassen nicht mehr locker.

Im Dezember 2007 bekommt der Salzburger Kriminalist Gerhard Ebner den Akt Heisler auf den Schreibtisch. Der Abteilungsinspektor gilt als erfahren, ist seit 1984 bei der Polizei und hat schon mehrfach sein gutes Gespür bewiesen. Seit 1. April 2006 ist er im Assistenzbereich Fahndung tätig und stellvertretender Leiter.

LKA-Fahnder Ebner ist ein Profi. Er versucht vom Staatsanwalt die Genehmigung für eine Rufdatenrückerfassung an Heislers Handy zu bekommen. Dafür sieht der Staatsanwalt allerdings keinen Grund, weshalb Ebner mit umfangreichen Befragungen möglicher Zeugen vorankommen muss. Es gelingt ihm, mehrere – bereits oben beschriebene – Ungereimtheiten festzustellen, ohne jedoch einen Ansatzpunkt für den Aufenthaltsort Heislers zu finden. Auch der Kontakt zu den Kollegen im bayrischen Coburg bringt vorerst nichts.

Als sich aber im Jänner 2008 bei Gerhard Ebner der Verdacht verstärkt, dem gesuchten Heisler könnte auch etwas zugestoßen sein, bezieht er seinen Kollegen Herbert Hanetseder mit ein. Dieser ist damals noch stellvertretender Leiter der Gruppe Leib und Leben im Landeskriminalamt (heute führt er diesen Ermittlungsbereich als Leiter) und gilt ebenso wie Ebner als hervorragender Ermittler. Besondere Verdienste erwirbt sich Hanetseder, als er vor wenigen Jahren den Mörder der jungen Salzburgerin Silke Schnabel nach aufwendigen und hartnäckigen Ermittlungen hinter Gitter bringt. Auch in den Fall Heisler hat er sich richtig verbissen. „Ich habe noch einige Jahre bis zur Pension, und bis dahin möchte den Fall endgültig gelöst sehen", sagt er am 22. Mai 2013 bei einem Interview zum Autor.

Ein Rädchen greift in das nächste.
Die beiden Ermittler sind bald davon überzeugt, dass es sich bei der Sache Heisler um ein Verbrechen handelt. Sie suchen im April 2008 wieder den Weg zur Staatsanwaltschaft. Diesmal wird eine Staatsanwältin für den Fall zuständig erklärt, Mag. Elvira Gonschorowski-Zehetner. Die Sache nimmt an Fahrt auf. Ebner hatte ja bei seinen Befragungen die Aussage der Stammwirtin Heislers hinsichtlich des geplanten Porschekaufs. Wohl auch aufgrund der früheren und mittlerweile bekannten „Geldleihe" der Freifrau bei dem Mann aus Heilbronn ortet die Salzburger Staatsanwältin Betrugsverdacht bei Heisler und ordnet eine Öffnung seiner Konten an. Kurz gesagt: Es zeigt sich - was die abgebrühten Kriminalisten Ebner und Hanetseder nicht wirklich überrascht - dass sich die Freifrau an den Konten des pensionierten Juweliers entsprechend bedient hat.

Und auch die Auswertung der Kreditkartenabrechnung bringt neue Erkenntnisse. Von Heislers Konto sind am 10. August 2007 (dem Tag des Reiseantritts) in München 1000 Euro und am 12. August 2007 in Pretoria weitere 2000 Euro abgehoben worden. Welch eine Überraschung für Kriminalisten, die bislang keine Ahnung hatten, wo sie nach Heisler suchen sollten. „Wir hatten schon angedacht, gemeinsam mit den deutschen Kollegen den Garten des Anwesens in Coburg umgraben zu lassen", sagt Hanetseder.

Der Rest ist für Fahnder Ebner nicht mehr als Routinearbeit. Er recherchiert Flugdaten und checkt Passagierlisten. Die Dinge liegen klar am Tisch: Heisler ist nicht in Kuba, sondern er flog nach Südafrika. Und die Freifrau war dabei und kam alleine zurück.

Am 20. Mai 2008 um 7 Uhr früh kommt es im adeligen Wohnsitz nahe Coburg, im Zweitwohnsitz der Frau in Dresden und im Haus Heislers in Zell am See zeitgleich zu Hausdurchsuchungen. Die „Baronin" wird festgenommen, dem Haftrichter vorgeführt und schließlich aufgrund eines europäischen Haftbefehls des Landesgerichtes Salzburg wegen schweren Betrugs nach Österreich ausgeliefert.
Jede Menge Schmuck und Wertgegenstände finden die Beamten, teils in Kommission gegeben, insgesamt im Wert von 835.000 Euro. Die Salzburger Ermittler gehen nach Zeugenaussagen allerdings davon aus, dass ein noch größerer Teil an Wertgegenständen bis heute noch verschwunden ist.
Ein besonderes Stück finden die Kriminalisten übrigens am Zweitwohnsitz der Freifrau in Dresden: Eine Geschenkbox mit einem Parfümflascherl darin. Der Inhalt ist allerdings nicht ein wohlriechender Duft, sondern das gefährliche Pflanzenschutzmittel E 605, das wegen wiederholter missbräuchlicher Verwendung im Volksmund auch als „Schwiegermuttergift" bekannt ist.

Immer wieder neue Versionen beim Verhör.
Gegenüber den Salzburger Ermittlern, welche die Freifrau zunehmend in die Mangel nehmen, bleibt sie vorerst bei der Version, Heisler sei nach Kuba geflogen und habe sie als General-

bevollmächtigte für sein Vermögen eingesetzt. Als sie mit den Erkenntnissen des LKA Salzburg konfrontiert wird, ändert die Dame ihre Strategie. Heisler habe sich, nachdem er etwas mit Kindersex zu tun habe, abgesetzt und sei derzeit in Sao Paulo. Er würde sich immer wieder bei ihr melden. Bei einer Hausdurchsuchung am 30. Mai 2008 finden sich in Heislers Tresor schwarze Müllsäcke, Fotos von nackten Kindern (keine Kinderpornos!) und Kinderunterwäsche der Marke Pascarell. Möglicherweise sollte hier wieder eine falsche Spur gelegt werden, aber die Hartnäckigkeit der Kriminalisten Ebner und Hanetseder zahlt sich auch in diesem Fall aus. Pascarell ist eine Eigenmarke von SPAR. Den beiden gelingt es, in Saalfelden jenen INTERSPAR zu finden, wo die genannten Gegenstände gekauft worden sind. Das lässt sich anhand der Buchhaltung eruieren. Der Zeitpunkt liegt klar nach dem Verschwinden Heislers. Wer damals eingekauft hat, lässt sich allerdings nicht mehr feststellen.

Ein Weg-Zeit-Diagramm, das die Kriminalisten erstellen, zeigt, dass es der Freifrau möglich gewesen wäre, nach dem überraschenden Besuch bei der Schwägerin Heislers am 17. September 2007 noch einen kurzen „Abstecher" in den SPAR-Markt im Pinzgau zu machen.

Einschub 2: Post aus Brasilien.

Bei der Hausdurchsuchung in Coburg finden deutsche Ermittler in Coburg ein verschweißtes DHL-Paket aus Sao Paulo. Post von Friedrich Heisler? Eine kriminaltechnische Untersuchung des Paketes ergibt als Inhalt brasilianische Zeitungen, aber weder einen Begleitbrief noch DNA-Spuren von Heisler. Auch der Absender ist nicht existent. „Die Grenze zwischen Erfolg und Misserfolg war sehr schmal", sagt Kriminalist Gerhard Ebner. „Es wäre ja durchaus möglich gewesen, DNA-Spuren des Vermissten in dem Kuvert zu platzieren. Und ich weiß nicht, was wir dann gemacht hätten."

Ermittlungen in Johannesburg bringen neue Erkenntnisse.

Mittlerweile hat die Freifrau eingeräumt, mit Heisler nach Johannesburg geflogen zu sein. Er habe sich aber von ihr getrennt, offensichtlich wegen seiner Kindersex-Geschichten. Diese haben jedenfalls nach intensiven Recherchen keinerlei Wahrheitsgehalt erbracht, weshalb dies als Grund für eine „Flucht" ebenfalls ausscheidet.

Die beiden Salzburger Ermittler lassen auch weiterhin nicht locker. Am 9. November 2008, vier Tage nach Ausstrahlung eines Beitrags in der Sendung „XY ungelöst" (sie bringt zwar einige Hinweise, aber keine neuen Erkenntnisse) fliegen die beiden Kriminalisten Ebner und Hanetseder gemeinsam mit einem Zielfahnder des Bundeskriminalamtes nach Johannesburg, um vor Ort weitere Recherchen anzustellen. Mit im Gepäck haben sie Zahnschemata und DNA des Vermissten. Von der südafrikanischen Polizei erhalten sie beste Unterstützung. Laut KRIMINALIST recherchieren die österreichischen Beamten in Krankenhäusern und besuchen die Hotels, in denen Heisler und die „Baronin" genächtigt haben. Sie erstellen ein Bewegungsprofil der verdächtigen Deutschen und stellen fest, dass sich wohl beide in Gegenden aufgehalten haben, die normal kein Weißer betritt.

Barbara Feichtinger, damals Sprecherin der Staatsanwaltschaft, erklärte beim ORF Salzburg: „Sie waren in Gegenden unterwegs, in welche ein Weißer wahrscheinlich nicht ohne Not und nicht alleine hingehen würde – in unwirtlichen Gegenden, die durchaus gefährlich sind."

Bereitete der „Märchenstunde" der „Baronin" ein Ende. LKA-Fahnder Gerhard Ebner. Foto: Blaichinger

Obwohl sie keine Spur von Friedrich Heisler finden, gibt es doch weitere Erkenntnisse. Etwa, dass die beiden zweimal (am 11. und 12. August 2008) genächtigt haben. Am 12. August war das Handy der Freifrau ca. 22 Kilometer von ihrem Hotel entfernt in den Townships eingeloggt. Um 20.11 Uhr erreicht das Handy der Dame eine SMS, eine weitere am selben Abend um 21.47 Uhr. Und einen Tag später, dem Tag des Rückflugs, folgt um 11.45 Uhr eine weitere SMS zu ihrem Handy. Leider ist es in Südafrika nur möglich, SMS nachzuweisen, nicht aber deren Inhalt.
Was immer auch in Johannesburg passiert ist, Mord oder Beihilfe zum Mord ist niemandem nachzuweisen. Somit gilt für Katharina Freifrau von L.-E. die umfassende Unschuldsvermutung.

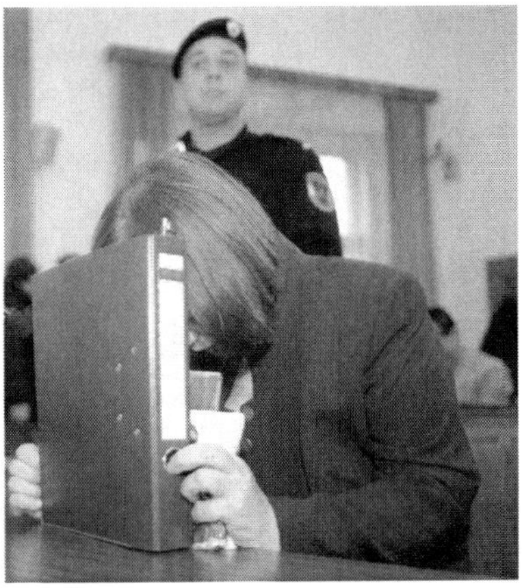

Gesicht verdeckt und keine Auskünfte. So die Strategie der Baronin beim Prozess in Salzburg. Foto: Bayer/SN

Allerdings wird die in Österreich unbescholtene Freifrau wegen schweren Betrugs, schweren Diebstahls und Urkundenfälschung zu fünf Jahren und zehn Monaten Haft verurteilt. Ihre Haft sitzt sie zu zwei Dritteln in der einzigen Frauenjustizanstalt Österreichs Schwarzau ab. Im April 2012 wird sie nach Deutschland ausgeliefert, wo sie wegen Veruntreuung eine bedingte Verurteilung erhält. Die Staatsanwaltschaft Coburg, die zuständigerweise Ermittlungen wegen des Verdachtes des Mordes gegen die Freifrau geführt hatte, stellt diese im De-

zember 2012 ein. Die Fakten sind den deutschen Behörden offensichtlich zu dünn für eine Anklage. Keine Leiche, keine Zeugen und eine Verdächtige, der man kaum etwas beweisen kann. Auch wenn die Begleitumstände dieses Vermisstenfalls nach Ansicht der der Salzburger Kriminalisten andere Vermutungen zulassen.
Wo sich Katharina von L.-E. heute aufhält, ist nicht bekannt. Nach Verbüßung ihrer Strafen wird nach ihr auch nicht gesucht.

Einschub 3: Hohe Auszeichnung für die Kriminalisten Ebner und Hanetseder:

Verdiente Ehrung zweier Salzburger Kriminalisten. Hanetseder (links) u. Ebner.

Foto: KRIMINALPOLIZEI

Die Salzburger Kriminalbeamten Gerhard Ebner und Herbert Hanetseder wurden am 24. Oktober 2008 bei einem Festakt im Wiener Rathaus als „Kriminalisten 2008" ausgezeichnet. Sie haben im Vermisstenfall Friedrich Heisler besonderes Engagement gezeigt und dafür gesorgt, dass seine Internetbekanntschaft – so weit die Strafsache in der Zuständigkeit der Österreichischen Polizei lag - einer gerechten Strafe zugeführt werden konnte. Triebfeder Nummer eins sei es, den Opfern ein Stück Gerechtigkeit zurückzugeben, hieß es in der Würdigung der beiden Beamten.

Interview:
„Abgeschlossen ist ein Fall erst, wenn er gelöst ist."

Ohne ihre Ermittlungen wäre die „Baronin" wahrscheinlich ohne Strafe davon gekommen. Unglaublich, was Herbert Hanetseder und Gerhard Ebner geleistet haben. Foto: Blaichinger

Lesen Sie nachfolgend ein autorisiertes Interview mit den Chefermittlern der Kriminalpolizei Salzburg in der Vermisstensache Heisler, Gerhard Ebner und Herbert Hanetseder:

AUTOR: Zeitungsberichten zufolge sollen Ermittler gegenüber Medien geäußert haben, es sei schade, dass die „Frau Baronin" von der Staatsanwaltschaft Coburg nicht angeklagt worden wäre. Stimmt das und - wenn ja – wie würden Sie das begründen?

HANETSEDER: *Ja, das ist richtig. In Österreich wäre es wohl zu einer Anklage gekommen. Die Dame hatte uns ja immer wieder eine neue Version aufgetischt, wenn sie in der Enge war. Und ihre Beweise, die ihre jeweilige Version untermauern sollten, haben wir ja allesamt als gefälscht entlarvt.*

AUTOR: Sie haben in Johannesburg Handydaten ausgewertet. Hatte die Baronin Kontakt zu ehemaligen STASI-Beamten in Südafrika?

EBNER: *Das können wir nicht mit Gewissheit sagen, wir können es nur vermuten. Wahrscheinlich ist, dass sich ehemalige Stasi-Agenten nach Südafrika oder auch nach Brasilien abgesetzt haben. Und dass die untereinander alte Kontakte pflegen, davon kann man meiner Meinung nach ausgehen.*

AUTOR: Was ist konkret verbrecherisch, wenn die Baronin mit einer Vollmacht des Vermissten die Wohnung ausräumt?

HANETSEDER: *Das Landesgericht Salzburg hat erkannt, dass die Vollmachten zumindest erschlichen waren, und das ist Betrug.*

AUTOR: Welchen Tathergang, bezogen auf die Person Friedrich Heisler, kann sich die Kripo vorstellen?

EBNER: *Wir vermuten ein Tötungsdelikt. Für eine Flucht gibt es überhaupt keinen Anhaltspunkt. Außerdem war Herr Heisler kein Weltenbummler, sondern fühlte sich in Zell am See sehr wohl.*

AUTOR: Sind Sie mit ihren Recherchen in Johannesburg zufrieden?

HANETSEDER: *Es haben sich unsere Vermutungen verfestigt, auch wenn wir Heisler nicht gefunden haben und somit der letzte Beweis hinsichtlich seines Schicksals fehlt.*

AUTOR: Wie begegnen Sie der Theorie, dass die Baronin Herrn Heisler wirklich nur beim Verschwinden geholfen hat und er ihr dafür sein Vermögen hinterlassen hat?

EBNER: *Es gibt keinen Punkt, der diese Theorie stützen würde.*

AUTOR: Gehen Sie von Mittätern der Baronin aus?

HANETSEDER: *Das kann man vermuten.*

AUTOR: Wissen Sie, wo sich die Baronin heute befindet?

EBNER: *Nein. Würden wir weiter recherchieren, wäre das Amtsmissbrauch. Wir hoffen, dass die südafrikanischen Behörden doch noch etwas finden. Wir sind bis heute mit ihnen in gutem Kontakt.*

AUTOR: Haben Sie den Fall für sich abgeschlossen?

HANETSEDER: *Abgeschlossen ist ein Fall, wenn er vollständig gelöst ist. Und das ist meiner Meinung nach hier nicht der Fall.*

AUTOR: Wie schätzen Sie die Chancen ein, den Fall doch noch zu lösen?

EBNER: *Das ist unmöglich vorhersehbar. Aber wir hoffen, dass sich das Rätsel irgendwann doch noch löst.*

Interview:

„Ohne Leiche und Kenntnis näherer Tatumstände macht eine Anklage keinen Sinn!"

Mit dem Interview mit den beiden Salzburger Kriminalisten habe ich den Vermisstenfalls Friedrich Heisler beschrieben, so gut mir das eben möglich ist. Eine Frage bleibt für mich jetzt noch offen. Warum hat die Staatsanwaltschaft Coburg in Bayern die Ermittlungen wegen Mordes gegen Katharina Freifrau von L.-E. eingestellt? Also versuche ich vom Leitenden Oberstaatsanwalt der Staatsanwaltschaft Coburg, Anton Lohneis, eine Klärung per Telefoninterview zu bekommen. Das Gespräch fand am 3. Juli 2013 statt und ist natürlich autorisiert.

AUTOR: Herr Oberstaatsanwalt Lohneis, welche Gründe hatte die Staatsanwaltschaft Coburg, die Mordermittlungen gegen Katharina L.-E. Ende vergangenen Jahres einzustellen?

Oberstaatsanwalt Anton Lohneis: „Anklage macht keinen Sinn."
Foto: NP Coburg

LOHNEIS: *Die von Frau Oberstaatsanwältin Haderlein durchgeführten Ermittlungen wurden am 15.12.2012 eingestellt, das ist richtig. Ein wesentlicher Punkt ist sicher folgender: Wir wissen nicht, ob Herr Heisler noch lebt. Zumindest von seinem Alter her wäre das nicht auszuschließen. Wenn er aber tot ist, dann wissen wir nicht, auf welche Weise er gestorben ist, und ob die Frau L.-E. an seinem Tod mitgewirkt hat. Ohne Leiche und ohne Kenntnis näherer Tatumstände macht eine Anklage keinen Sinn.*

AUTOR: Nehmen wir einmal an, die Dame hat nichts mit dem Verschwinden Friedrich Heislers zu tun: Welchen Grund sollte sie dann haben, den Ermittlern des Landeskriminalamts Salzburg eine Lüge nach der anderen aufzutischen?

LOHNEIS: *Dass die Frau L.-E. in verschiedenen Punkten die Unwahrheit sagt, erscheint klar. Auch ist sie eine zweifelhafte Persönlichkeit. Das unterschreibe ich Ihnen sofort. Aber insgesamt begründet das nicht eine Anklage. Dazu brauchen wir Beweise, und die haben wir leider nicht.*

AUTOR: Wäre bei der bekannten Vorgeschichte einschließlich STASI-Vergangenheit dieser Dame ein Indizienprozess nicht von Erfolgschancen begleitet gewesen?

LOHNEIS: *Die deutsche Polizei hat sich die Vergangenheit der Frau, insbesondere ihre STASI-Tätigkeit, ganz genau angeschaut. Zum Sachverhalt konnte das aber nichts beitragen.*

AUTOR: Warum haben deutsche Behörden nicht vor Ort in Johannesburg ermittelt, um einer Klärung näher zu kommen?

LOHNEIS: *Es war ja so, dass wir die Wohnsitzzuständigkeit hatten und damit die Mordermittlungen führten, während die österreichischen Kollegen den Vermisstenfall Heisler bearbeiteten. Im Prinzip hätten mit diesen Überschneidungen gemeinsame Recherchen in Südafrika Sinn gemacht. Warum es nicht dazu kam, kann ich banal erklären: Die österreichischen Behörden waren einfach schneller. Bei uns war eine entsprechende Genehmigung nicht in der Kürze der vorhandenen Zeit möglich. Ich gebe zu, dass man das besser absprechen hätte können. Die Ergebnisse der Ermittlungen durch die österreichischen Behörden waren jedenfalls so gut, dass ein Flug deutscher Kriminalisten wahrscheinlich keine weiteren Ergebnisse erbracht hätte.*

AUTOR: Die von den österreichischen Kriminalisten ermittelten Details zeigen, dass sich Frau L.-E. und Herr Heisler in Gegenden von Johannesburg bewegten, wo normalerweise kein Weißer alleine hingeht. Frau L.-E. erhielt überdies drei SMS von einem unbekannten Handy aus dem Land. Dann flog L.

sofort zurück nach München. Das ist doch alles sehr verdächtig und würde wohl auch eine Mordanklage rechtfertigen, oder?

LOHNEIS: *Sie haben Recht, dass das alles Merkwürdigkeiten sind. Aber nochmals: Es gibt keinen Sachbeweis und keine Leiche.*

AUTOR: Hat die Staatsanwaltschaft Coburg die Ermittlungen gegen L.-E. mit Überzeugung eingestellt oder bleiben bis heute Zweifel?

LOHNEIS: *Die Staatsanwaltschaft hat das Verfahren aus so genannten tatsächlichen Gründen eingestellt. Dass weiterhin Verdachtsmomente bestehen, daran gibt es keinerlei Zweifel. Aber für eine Anklage reicht das eben nicht.*

AUTOR: Frau L.-E. war eine Zeitlang CDU-Kreisrätin. Könnte es sein, dass sie auch heute noch von einem politischen Schutzschirm umgeben ist?

LOHNEIS: *Ich kann es mir nicht vorstellen. Aber ehrlich: Es würde uns auch nicht interessieren und schon gar nicht beeinflussen.*

Wahrlich unglaublich.

Der Fall Friedrich Heisler gehört für mich zu den unglaublichsten Fällen, mit denen ich mich jemals auseinandergesetzt habe. Einige Dinge möchte ich noch anmerken. Da ist zunächst einmal eine Frau mit einer für mich irren kriminellen Energie. Wo und wie sie diese entwickelt hat, wäre ein Thema für Kriminalpsychologen. Ein Rechtfertigungsanspruch für die eine oder andere Tat ergibt sich daraus aber keinesfalls.
Verbissenheit und Cleverness muss man den beiden Salzburger Kriminalisten Ebner und Hanetseder zugestehen. Ohne sie wäre die „Baronin" in Österreich ohne Strafe geblieben. Und doch: Wer diesen Fall genau liest, wird merken, wie viel Glück (bei allem Können) manchmal nötig ist, um zum krimi-

nalistischen Erfolg zu kommen. Interessant ist auch, dass selbst einer hochgradig kriminell veranlagten Person dann und wann Fehler unterlaufen, die man eigentlich nicht erwarten würde. Das perfekte Verbrechen gibt es also doch nicht. Oder doch? Wurde Friedrich Heisler mit Gewalt ums Leben gebracht, dann sind wir wieder sehr nahe dran.

Keine Leiche, keine Zeugen, keine Kenntnis der Tatumstände: So bringt man keinen Täter vor Gericht. Zumindest nicht in Coburg. Dabei sind die Aussagen von Oberstaatsanwalt Lohneis für mich grundsätzlich durchaus nachvollziehbar. Die Freiheit von Menschen ist ein hohes Gut. Und wer in so einem Fall anklagt oder urteilt, tanzt jedenfalls auf dünnem Eis.

Im Fall Heisler, so meine ich, wäre eine Anklage aber ein wichtiges Zeichen im Kampf um Gerechtigkeit gewesen.

Interview:
„Unser Justizsystem funktioniert im Großen und Ganzen gut!“

Dieses Buch würde nicht ganz meinen Intentionen entsprechen, ließe ich Fragen der Justiz und der Rechtssprechung ganz außer acht. Immer wieder spürt man, wie knapp Entscheidungen für oder gegen Angeklagte ausgehen. Manchmal kommt es auch vor, dass Geschworene nach einem Urteil Zweifel hinsichtlich der getroffenen Entscheidung überkommen. Grund genug, einen der profundesten Kenner der Materie, Dr. Udo Jesionek, Präsident des Jugendgerichtshofes Wien a.D., Honorarprofessor für Jugendstrafrecht und Strafvollzug und Präsident der Verbrechenshilfsorganisation „Weißer Ring“, um seine Meinung zu fragen. Das Interview kam im Juni 2013 zustande und ist natürlich autorisiert.

Präs. Dr. Udo Jesionek.
Foto: Weißer Ring

AUTOR: Herr Präsident, in meinem neuen Buch berichte ich unter anderem über zwei mysteriöse Mordfälle. In einem Fall haben Geschworene später geäußert, sie hätten sich möglicherweise getäuscht. Im anderen Fall endete der Schuldspruch der Geschworenen mit 5:3 gegen den Angeklagten. Ist das nicht ein Zeichen dafür, dass das österreichische Geschworenengericht überholt ist?

JESIONEK: *Ein nicht einstimmiges Abstimmungsergebnis halte ich ebenso wenig für ein Zeichen, dass die österreichische Geschworenengerichtsbarkeit überholt ist, wie allfällige spätere Äußerungen von Geschworenen, sie hätten sich möglicherweise getäuscht. Das ist nur ein Zeichen dafür, dass beim Geschworenengericht die ganze Problematik der richterlichen Urteilsfindung mit Zweifel und Irrtum eben besonders plastisch hervortritt.*

AUTOR: Wäre eine große Schwurgerichtskammer wie in Deutschland, bestehend aus Berufs- und Laienrichtern, nicht besser?

JESIONEK: *Ich bin - zum Unterschied von vielen meiner richterlichen Kollegen – ein absoluter Anhänger des Geschworenengerichtes, das heißt eines Gerichtes, bei dem zumindest im unmittelbaren Stadium der Abstimmung die Geschworenen alleine ohne Beeinflussung durch die Anwesenheit der Berufsrichter entscheiden können.*

AUTOR: Gehen wir etwas ins Detail: Geschworene werden bestimmt, sie können meines Wissens nach diesen Auftrag nicht ablehnen. Nicht sehr sinnvoll, oder?

JESIONEK: *Der Gedanke, dass Geschworene nach einem Zufallsprinzip aus allen in Frage kommenden Staatsbürgern ausgewählt werden und den Antrag nicht ablehnen können, ist theoretisch aus dem demokratischen Prinzip sehr begründet. In der Praxis kommt es immer wieder vor, dass sich Geschworene entschuldigen, was auch akzeptiert wird. Ein generelles Recht, das Amt des Geschworenen abzulehnen, ist insoweit problematisch, als dann alle Personen, die beruflich sehr engagiert sind oder sonst fest im Leben stehen, der Versuchung erliegen, sich der Pflicht zu entziehen. Aber die Geschworenen sollten ja gerade ein Spiegelbild der Zusammensetzung der Bevölkerung darstellen.*

AUTOR: Angeblich sind die Abstimmungen über Schuld oder Unschuld innerhalb der Geschworenen nicht geheim. Das ist doch ein ungeheurer Druck zum Beispiel für den letzten in der Reihe, wenn es etwa 4:3 steht.

JESIONEK: *Meines Wissens und meiner Erfahrung nach sind die Abstimmungen der Geschworenen immer geheim. Es kann natürlich vorkommen, dass einzelne Geschworene, obwohl sie ausdrücklich zur Geheimhaltung verpflichtet werden, dann später* *etwas „ausplaudern". Ich persönlich habe in meiner langjährigen Erfahrung als Vorsitzender von Geschworenengerichten allerdings diesbezüglich keine Erfahrungen gesammelt.*

AUTOR: Wie müsste Ihrer Meinung nach ein künftiges Geschworenengericht aussehen, wenn man es reformiert?

JESIONEK: *Meiner Meinung nach sollte ein künftiges Geschworenengericht im wesentlichen aus einer getrennten Schwurgerichtsbank (zwei bis drei Berufsrichter) und einer Geschworenenbank (sechs bis acht Geschworene) bestehen. Wichtig wäre, dass die Rechtsbelehrung der Geschworenen wenn möglich öffentlich, zumindest aber parteiöffentlich (das heißt in Gegenwart von Staatsanwalt, Verteidiger und Privatbeteiligtenvertreter) stattfindet und in diesem Stadium die Geschworenen nicht nur ausführlich rechtlich über ihre Antwortmöglichkeiten auf die gestellten Fragen belehrt werden, sondern auch die Möglichkeit haben, dazu ausführliche Fragen zu stellen.*

AUTOR: Es ist eine Tatsache, dass es auch in Österreich auch bei Schwurgerichtsprozessen immer wieder einmal zu Fehlurteilen kommt. Könnte eine Reform des Geschworenengerichtes diese Quote senken?

JESIONEK: *Ich glaube nicht, dass eine Reform des Geschworenengerichtes die Fehlurteilsquote senken kann, wobei die Frage, was ein Fehlurteil ist, ja der subjektiven Betrachtung unterliegt. Objektiv falsche Fehlurteile zum Nachteil des Angeklagten können ja im Rahmen einer Wiederaufnahme des Strafverfahrens revidiert werden.*

AUTOR: Durch Ihre verschiedenartigen beruflichen und außerberuflichen Tätigkeiten kennen Sie die Seite der Täter und die der Opfer wie kaum ein zweiter. Woran krankt es Ihrer Meinung nach am derzeitigen Justizsystem besonders?

JESIONEK: *Ganz allgemein kann ich sagen, dass unser derzeitiges Justizsystem im Großen und Ganzen gut funktioniert. Ein den Idealen der Gerechtigkeit in allen Punkten entsprechendes Justizsystem können wir Menschen gar nicht schaffen, wobei gerade die Frage der Gerechtigkeit ja ein sehr subjektives Element enthält. Es gibt allerdings eine ganze Reihe einzelner Punkte, wo Reformbedarf besteht, das ist vor allem einmal die Neugestaltung des Haupt- und Rechtsmittelverfahrens (nur das Ermittlungsverfahren wurde ja in der Strafprozessreform 2008 neu geregelt), eine noch bessere Einbindung der Verbrechensopfer und vor allem sinnvollere und effektivere Anfechtungsmöglichkeiten richterlicher Entscheidungen sowohl durch Ankläger als auch durch Angeklagte und Opfer.*

AUTOR: Glauben Sie Ihrem Gefühl nach, dass in Österreich viele Unschuldige hinter Gittern sitzen?

JESIONEK: *Nach meinem Gefühl – und ich habe durch meine jahrzehntelange Tätigkeit auch im österreichischen Strafvollzug einen gewissen Überblick – habe ich nicht das Gefühl, dass viele Unschuldige hinter Gittern sitzen.*

Neun mysteriöse Kriminalfälle in Stichworten.

Atypischer Bankraub in Zell am Moos

Art der Tat: Bankraub mit Geiselnahme
Tatzeitpunkt: 28. 1. 1983, 17.20 Uhr
Tatort: Privathaus des damaligen Geschäftsführers, Zell am Moos
Beute: Knapp 160.000 ÖS
Täterbeschreibung: Klein und schmächtig, maskiert mit schwarzer Wollhaube, Moonboots
Status: Verjährt, Akten skartiert.

Christine Reitzl

Art der Tat: Schocktod der Prostituierten nach Sex-Spielen mit einem Kunden (vermutet)
Tatzeitpunkt: Nacht von 20. auf 21. 5. 1981
Tatort: Aubergwald bei Elixhausen (in einem PKW, möglicherweise Ford Taunus mit Kärntner Kennzeichen)
Beschreibung des Verdächtigen: 25-30 Jahre alt, auffallend kräftige Hände, blonde Haare, Schnurrbart, Kärntner Dialekt.
Status: Ungeklärt

Heidemarie Mayrhofer

Art der Tat: Mord (Strangulation mit einem Elektrokabel)
Tatzeitpunkt: 5. 11. 1980, früher Nachmittag)
Tatort: Mietwohnung, Linzergasse 52, Salzburg
Täter: Manfred B., damals Zuhälter, von Heidemarie Mayrhofer, verurteilt zu 20 Jahren Haft, lebt heute in Oberösterreich.
Anmerkung: Hat die Strafe zwar verbüßt, die Tat aber immer bestritten.
Status: Nach dem Auftauchen neuer Verdachtsmomente wurde eine Wiederaufnahme des Verfahrens beantragt, aber abgelehnt. Von Seite des Opferanwalts wurde bei der Generalprokuratur eine Anregung auf Erhebung einer Nichtigkeitsbeschwerde zur Wahrung des Gesetzes eingebracht. Ebenfalls abgelehnt.

Matthias Hinterberger
Art der Tat: Bergunfall (von den Angehörigen wird Mord vermutet)
Zeitpunkt: 3. 6. 1999, nach 22 Uhr
Ort: Wirersteig, Gemeindegebiet St. Wolfgang
Status: Beantragte Exhumierung des Toten und Obduktion von Staatsanwaltschaft und Gericht Wels abgelehnt. Im Februar 2013 hat das Bundesministerium für Justiz angeregt, alle seinerzeit bei der Auffindung der Leiche anwesenden Zeugen (Bergrettung, Angehörige) zu befragen. Keine neuen Erkenntnisse.

Ljubica K.
Art der Tat: Raubmord (vom LKA Salzburg vermutet)
Tatzeitpunkt: 9. 5. 2011, ca. 21.50 Uhr
Tatort: Parkplatz vor dem ELMO-Cafe, Salzburg
Täter: Unbekannt, keine Personenbeschreibung
Status: Ungeklärt

Tomislav Jovanovic
Art der Tat: Mord (durch Genickschuss)
Tatzeitpunkt: Nacht von 17. auf 18. 8. 2007
Tatort: Unbekannt, möglicherweise der Fundort in Hof nahe dem Fuschlsee
Täter: Unbekannt, möglicherweise Auftragsmörder
Hinweise: Die bei der Tat verwendete Waffe hat Kaliber 7,65.
Status: Ungeklärt

Alois Wesenauer („Loui A. Wesenauer“)
Geboren am 20. 1. 1947
1961-1964 Doppellehre Koch und Kellner im Hotel „Goldener Hirsch“ in Salzburg
Ab Ende der 1960er Jahre: Schiffskoch
Vermutlich Anfang 1970er Jahre Aufenthalt auf den Virgin Islands (Insel St. Thomas)
„Vicepresident“ bei der Tauchfirma „Underwater Industries“

(später „Underwater International")
1980: Heirat mit Ilse Patricia R.
1983: Scheidung
1984: Tod des Vaters, letzter Kontakt mit seiner Familie am Irrsee
Status: Verschollen

Martin S.
Sporttaucher aus Polen
Todeszeitpunkt: 23. 3. 2013, gefunden und geborgen am 15. 5. 2013
Art des Todes: Ertrunken, Tauchunfall
Ort: Attersee, im Bereich der „Schwarzen Brücke"
Status: Nach Vorliegen eines Sachverständigengutachtens kein Fremdverschulden feststellbar.

Angelika Hertlein
Sporttaucherin aus Deutschland
Todeszeitpunkt: 18. 4. 2003, gefunden und geborgen im Juli 2005
Art des Todes: Ertrunken, Tauchunfall vermutet (ungeklärte Fragen).
Ort: Attersee, im Bereich der „Schwarzen Brücke"
Status: Akt als Tauchunfall geschlossen, mittlerweile skartiert.

Elfriede Hochgatter (Der Fall Tibor Foco)
Art der Tat: Mord
Tatzeitpunkt: Nacht von 13. auf 14. 3. 1986
Tatort: Bahndamm in Bahnhofsnähe, Linz
Täter: Tatverdacht gegen Tibor Foco (zur Fahndung ausgeschrieben)
Status: In einem Geschworenenprozess wurden 1987 Tibor Foco zu lebenslanger und Peter Löffler zu 18 Jahren Haft verurteilt. Regina Ungar ging als Kronzeugin wegen „entschuldigenden Notstands" frei. 1992 wurde Peter Löffler rechtskräftig freigesprochen und für seine Haftzeit finanziell entschädigt.

Tibor Foco floh 1995 bei einem begleiteten Haftausgang zur Universität Linz. Aber auch das Urteil gegen ihn wurde aufgehoben. Die Staatsanwaltschaft Linz hat im Jahr 2000 erneut Anklage gegen ihn eingebracht, sodass nach Foco derzeit international gefahndet wird.

Friedrich Heisler

Geboren 1940 in Wien
Juwelier im Ruhestand
Vermisst im Raum Johannesburg, Südafrika, seit August 2007
Flug von München nach Südafrika am 10. 8. 2007 in Begleitung einer Internetbekanntschaft, Freifrau Katharina von L.-E. (besser bekannt als „Baronin").
Rückkehr der Freifrau am 13. 8. 2007 ohne Friedrich Heisler. In der Folge mehrere Betrügereien mit herausgelockten Bestätigungen und Vollmachten zum Nachteil des Herrn Heisler. Verurteilung zu fünf Jahren und zehn Monaten Haft, welche die „Baronin" in der Justizanstalt für Frauen in Schwarzau verbüßt hat. Die Staatsanwaltschaft Coburg ermittelt wegen Mordes an Friedrich Heisler, erhebt jedoch keine Anklage gegen die Freifrau.
Status: Friedrich Heisler wird nach wie vor in Südafrika vermisst, Katharina von L.-E. befindet sich auf freiem Fuß und ist unbekannten Aufenthaltes.

Nachwort.

Ein Jahr intensiver Recherchen liegt hinter mir. Wieder einmal. Ich habe versucht, jeden einzelnen Fall von verschiedenen Seiten zu beleuchten. Dennoch ist dieses Buch als Annäherung zu verstehen. Nie würde ich ein endgültiges Urteil in der einen oder anderen Weise abgeben wollen. Dort, wo mich Zweifel plagen, habe ich diese ausgedrückt und zu begründen versucht.

Und wieder ist es Zeit, Dank zu sagen. Viele Menschen, Freunde, Bekannte haben mich unterstützt, mir Türen geöffnet, mich beraten, korrigiert, argumentativ auf die Probe gestellt. Auch persönliche Reflexion ist wichtig bei Büchern dieser Art. Zu groß ist die Gefahr, voreingenommen und einseitig zu recherchieren.

Nochmals betone ich, dass ich versucht habe, sachlich zu sein und mich an Fakten zu orientieren. Hoffentlich ist mir das gelungen. Zusammenfassend möchte ich mich vor allem bei meinen Interviewpartnern bedanken, die mir einen Teil Ihrer Zeit geschenkt haben.

Ein besonderes Danke darf ich Freunden, Medizinalrat Dr. med. Helmut Palzinsky und Franziska Palzinsky-Trauttenberg, sagen. Mein Verleger Wolfgang Maxlmoser hält es auch weiterhin für sinnvoll, mit mir zu arbeiten. Der Mann ist ein Wahnsinn. Kein anderer würde sich das antun. Weiters danke ich Heidi. Ohne sie…

Schließlich sage ich all jenen Danke, die dieses Buch lesen oder gelesen haben. Ich hoffe, ich habe sie nicht enttäuscht.

Quellenverzeichnis.

Bücher:
Blaichinger, N.: Mysteriöse Kriminalfälle Band 1, Ranshofen 2011
Breitegger, H.: Cold Case, Mörder unter uns, Graz 2012
Schmidbauer, M.: Mörder, Räuber und Gendarm, Ranshofen 2008

Zeitschriften:
DER KRIMINALIST, Fachzeitschrift der Vereinigung österreichischer Kriminalisten, Ausgabe Herbst 2008
DER KRIMINALIST, Fachzeitschrift der Vereinigung österreichischer Kriminalisten, Ausgabe April/Mai 2009
Der STERN, Ausgabe 3/2010

Zeitungen und sonstige Quellen:
Faksimile Artikel Salzburg Krone vom 15. 11. 1981 (Mordfall Christine Reitzl)
Faksimile Schreiben vom 23. 6. 2010 Dr. Rieder an Bundesministerium für Inneres (Mordfall Christine Reitzl.)

Faksimile Artikel OÖN Extra Nachrichten vom 24. 10. 1991 (Verschollener Alois Wesenauer)

www.orf.at (Kalter Tod im Attersee)
WIKIPEDIA (Kalter Tod im Attersee)
Faksimile Taucherlogbuch der Angelika H. (Kalter Tod im Attersee)
Faksimile Artikel OÖ Krone vom 5. 5. 2003 (Kalter Tod im Attersee)
Faksimile Artikel Vöcklabrucker Tips vom Juli 2003 (Kalter Tod im Attersee)
Faksimile Nürnberger AZ vom 28. 9. 2003 (Kalter Tod im Attersee)

Faksimile Artikel Salzburg Krone vom 24. 4. 2013 (Tod von Mathias Hinterberger)

Einvernahmeprotokoll der Zeugin Ingrid Tschreschnig (Mordfall Heidemarie Mayrhofer)
Faksimile Salzburg Krone vom 8. 4. 2012 (Mordfall Heidemarie Mayrhofer)

Parlamentarische Anfragen von Helene Partik Pable (FPÖ) bzw. Gabriela Moser (Die Grünen) zur Causa F. (Mordfall Elfriede Hochgatter)
Homepage des Bundesministerium für Inneres www.bmi.gv.at (Mordfall Elfriede Hochgatter)

Antwort der Bundesministerin für Justiz, Karin Miklautsch, auf eine parlamentarische Anfrage, Jänner 2005

Faksimile STASI-Akt der Katharina K., spätere Freifrau von L.-E. (Vermisst in Südafrika)